la BONNE QUESTION

en 3D

Ysidro FERNANDEZ

© Ysidro Fernandez, 2002, 2014
All rights reserved

ISBN : 978-2-9540771-7-8

À l'heure où manuels et experts se surpassent pour vous apporter conseils et réponses en tout genre, voici enfin un livre qui se contente de poser des questions. Mais attention, pas n'importe lesquelles ; car bien souvent, une bonne question vaut mieux que mille réponses.

« Dis-moi quelles sont tes réponses, je te dirai quelle est ta question. »

Pourquoi un livre de questions, alors que tout le monde (ou presque) cherche des réponses ?

Voilà une bonne question de départ, et de plus, une des seules à laquelle je consentirai à répondre, puisqu'elle me concerne au premier chef.

Ce travail est le fruit de deux expériences menées en parallèle depuis de nombreuses années. D'une part, ma démarche d'être humain se questionnant et cherchant des réponses, comme tout un chacun. D'autre part, mon parcours professionnel de psychologue avec des personnes en quête de réponses à leurs interrogations. (Bon nombre de questions de cet ouvrage sont directement inspirées de cette pratique thérapeutique). Ce double cheminement, complété par des masters en philosophie et en psychologie, m'a conforté dans l'hypothèse que, bien souvent, nous tournons en rond faute d'avoir pu, dès le départ, trouver la bonne question. Et pour cause, car cette dernière est bien souvent cachée et plus embarrassante que les autres.

Dès lors, vous trouverez peut-être certaines questions de ce livre déplacées, bizarres, inutiles, voire trop loin des interrogations qui vous préoccupent. C'est plus ou moins voulu. En effet, comme certains artistes, psys, philosophes ou spécialistes de la créativité le savent bien, il est souvent nécessaire de commencer par se décentrer de sa façon habituelle de penser, pour revenir dans un deuxième temps à la question de départ par un chemin détourné. Puis, au bout du compte, vous pourrez découvrir une porte cachée qui vous ouvrira de nouvelles perspectives.

Pour aller dans ce sens, vous pouvez aborder cet ouvrage :

— comme un livre classique, à lire page par page ;

— comme un jeu entre amis, du type « jeu de la vérité » ;

— comme une aide au questionnement, façon « Yi-King » chinois.

Dans ces deux derniers cas, il suffit de vous munir de trois dés à six faces, de penser à la question qui vous préoccupe actuellement, de lancer les dés, puis d'aller voir dans le livre la question correspondant au résultat des dés que vous aurez choisi (les 216 questions sont numérotées en conséquence). Laissez-vous porter par cette dernière question, puis revenez après coup à votre interrogation personnelle de départ en essayant de voir comment l'une peut vous aider à faire avancer l'autre.

Si vous n'avez pas de dés sous la main, vous pouvez utiliser le chronomètre ou la montre de votre téléphone portable, voire un livre ouvert au hasard. Notez le dernier chiffre, compris entre 1 et 6, des minutes, des secondes ou de la page, puis recommencez deux fois jusqu'à obtenir les trois dés.

Alors, quelle sera votre première question ?

Une question, c'est quoi, dans le fond, pour vous :
— Un problème à résoudre ?
— Un faux problème ?
— Un trou à boucher ?
— Un appel d'air dans votre respiration mentale ?
— Le signe de votre imperfection ?
— Un pont jeté entre vous et le monde ?
— Une possibilité d'apprendre du nouveau ?
— Un reste de votre curiosité infantile ?
— Une ouverture sur l'inconnu ?
— Un sentiment d'insécurité ?
— Un pépin du fruit de la connaissance ?
— Une prise de tête ?
— Une réponse avec un point d'interrogation ?
— …

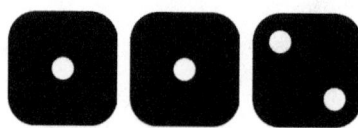

    Tout a commencé par l'Océan infini qui bougeait si peu, dans les premiers temps, que ce n'était pas suffisant pour qu'il se passe quoi que ce soit à la surface des choses. Puis, vint un matin où le vent s'est levé, et, alors, les vagues sont apparues. Au troisième jour, la force redoublée du vent et le mouvement incessant des vagues donnèrent naissance à des gouttes d'eau qui réussirent à s'arracher et à s'élever au-dessus de l'Océan, juste avant de retomber dans la masse infinie d'où elles avaient émergé. Certes, comparé au temps de l'Océan, le temps de la goutte d'eau n'existait pratiquement pas, tellement il était infime, mais pour une goutte d'eau, ce temps était suffisant et constituait ce qu'elle appelait sa vie. La goutte d'eau avait, ainsi, suffisamment de temps pour se poser tout un tas de questions, dont les trois principales qui suivent :
    — Qui suis-je ?
    — Quel est le sens de la vie d'une goutte d'eau ?
    — Qu'est-ce que l'Océan ?

    Imaginez maintenant pouvoir communiquer avec cette petite goutte d'eau. Qu'allez-vous lui proposer comme réponses à ses questions existentielles ?

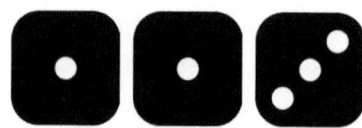

Vous êtes face au Sphinx en plein désert et vous le questionnez sur la meilleure route à suivre. Il vous indique, alors, deux voies qui partent derrière lui. La première est appelée « la voie douce », parce qu'elle est plus facile et qu'elle prend son temps ; avec elle, les risques que vous soyez confronté au danger et à la souffrance sont plus faibles. La deuxième, par contraste, est surnommée « la voie abrupte », car elle va droit au but mais, forcément, cela représentera pour vous plus de danger et donc plus de risques de souffrance.

Qu'allez-vous choisir :
— La voie douce ?
— La voie abrupte ?
— De lui poser une autre question ?
— De rebrousser chemin ?
— De rester planté là, en attendant que ça passe ?

Combien de risques êtes-vous prêt à prendre pour aller plus vite ?

Combien de temps êtes-vous prêt à perdre pour que votre voyage soit plus facile ?

La Chance vous envoie, du ciel, un cadeau empoisonné : un grand sac de sport abandonné sur votre route par une personne inconnue et contenant plus d'argent que vous ne rêveriez jamais de posséder. Un petit mot, à l'intérieur, vous apprend que l'intention des propriétaires était de léguer cette somme à un organisme de recherche pour soigner une maladie génétique.

Qu'allez-vous faire :
— Garder tout l'argent, incognito ?
— Le redonner à qui de droit ?
— En garder la moitié et donner le reste aux pauvres ?
— Ou continuer votre route, tranquillement, en enjambant le sac après l'avoir refermé ?

Déterminé à ne pas rester au ras des choses, et voulant vous élever au-dessus de la monotonie et de la platitude ambiantes, vous décidez de passer à l'action en prenant le taureau par les cornes : vous choisissez de continuer votre voyage en montgolfière. Si vous faites attention à ne pas vous approcher trop du soleil pour éviter de vous brûler les ailes, comme Icare, vous devriez bientôt atteindre les sommets… Mais, oh ! vous commencez, malheureusement, à perdre de l'altitude et, si vous ne voulez pas que votre voyage se termine mal, il va donc falloir lâcher du lest.

Parmi toutes les choses auxquelles vous tenez actuellement le plus au monde (objets, argent, idées, croyances, habitudes, relations, projets…), quelles sont celles que vous êtes prêt à perdre immédiatement, pour que votre vie (re)prenne de la hauteur ?

Imaginez que lors de votre prochain repas, les formes de vie que vous aurez dans votre assiette se mettent tout d'un coup à bouger et vous demandent clairement : « Pourquoi veux-tu nous tuer ? »
Qu'allez-vous leur répondre ?
Et après, oserez-vous toujours les manger ?

Autrement dit, comment gérez-vous la viEolence fondamentale qui vous permet d'exister ?

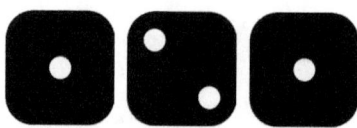

L'histoire se passe demain, mais elle aurait pu très bien se produire hier, à moins que ce soit celle qui se déroule actuellement sous vos yeux. Vous vivez, donc, à une époque où l'humanité est divisée en deux clans, et chaque partie aimerait bien, à terme, s'assurer la suprématie de la planète. Une guerre totale et définitive est à craindre. Aussi, chaque camp décide-t-il, en secret, de mettre sur orbite un couple hétérosexuel qui aura la charge de reproduire l'humanité, au cas où le pire se produirait... Et le pire se produit. Aussi, quand nos deux couples redescendent sur terre après l'hiver nucléaire, il n'y a plus âme qui vive à part eux. Je vous épargne les péripéties qui provoqueront une mort dans chaque couple, tant et si bien qu'il ne reste, au bout du compte, qu'un homme et une femme de clans opposés. Les nouveaux Adam et Ève. Ils se rencontrent forcément et sont obligés de composer l'un avec l'autre. Vous êtes, bien sûr, l'un des deux rescapés.

Dès lors, sachant comment l'Histoire vient de tourner, la question qui se pose maintenant à vous est celle-ci (les adeptes de l'homosexualité devront faire un petit effort d'imagination) :

— Allez-vous prendre le risque de faire des enfants et recréer une nouvelle Humanité, pour qu'au bout du compte les choses se terminent, peut-être, de la même manière (et si oui : que ferez-vous de différent qui n'ait déjà été tenté pour éviter une nouvelle catastrophe) ?

— Ou préférez-vous finir votre vie avec votre partenaire de fortune, et conclure ainsi le chapitre du passage de l'Humanité sur Terre ?

Votre corps, au fond, c'est quoi pour vous :
— Un étranger ?
— Un ami ?
— Un ennemi ?
— Votre partie animale ?
— Un boulet qui vous leste et vous empêche de rejoindre les cimes de l'esprit ?
— Un objet encombrant ?
— La page sur laquelle vous écrivez vos maux ?
— L'oxygène ?
— Un véhicule temporaire ?
— Une erreur ?
— La Vie ?
— Une prison ?
— Le centre de vos besoins ?
— L'image que vous montrez aux autres ?
— Vous-même ?
— Votre *hardware* ?
— Le garant de votre identité biologique ?
— …

    Un soir de doute, la Mort vient vous voir et vous propose un marché : soit de continuer à vivre comme vous l'avez fait jusqu'ici (c'est-à-dire sans savoir ni le jour ni l'heure de votre mort), soit de vous révéler où, quand et dans quelles circonstances votre vie se terminera.
    Que choisissez-vous ?

    Et en quoi votre vie changerait-elle, si vous saviez d'avance la fin du film ?

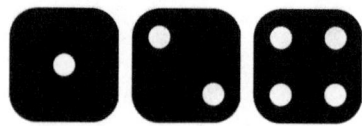

Quel est votre pire cauchemar ?
Comment se termine-t-il habituellement ?

Maintenant, essayez d'écrire sur papier ce scénario digne d'un bon film d'épouvante, mais en changeant juste la fin. C'est-à-dire, que tout se termine par un *happy end* à votre avantage avec l'élimination et la destruction définitive du danger, et en usant, si possible, de procédés magiques. Par exemple : le monstre est désintégré avec une épée laser que vous sortez de votre poche, ou bien, au lieu de tomber indéfiniment dans ce puits sans fond, vous sortez votre baguette magique et vous transformez le puits en jus de fruit que vous sirotez amoureusement avec une paille sur une plage ensoleillée d'une île paradisiaque.

Alors, combien de fins heureuses différentes pouvez-vous écrire à ce cauchemar ?

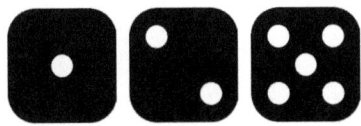

En consultant la bourse, ce matin, sur votre ordinateur, vous dénichez la bonne affaire : la revente d'actions qui peuvent vous rapporter dix fois votre mise de départ, avec évidemment un prix (parce que vous êtes très au courant de l'actualité économique et sociale) : la mise au chômage, à l'autre bout de la chaîne, de 100 personnes. Franchissez-vous le pas ?

Et contre 1000 personnes à la rue ? 10 000 ? Un million ?...

À partir de combien hésitez-vous ?

Imaginez maintenant que, pour la même transaction, on vous donne les photos, noms et adresses des simples salariés qui seront, demain matin, licenciés suite à votre petit click sur Internet, et que ces personnes aient également les mêmes informations vous concernant. Vendrez-vous toujours vos actions ?

Et si vous saviez à l'avance que, parmi ces futurs licenciés, trois se suicideront peu après leur mise à la porte, feriez-vous toujours le pas ?

Quel prix, au fond, êtes-vous prêt à payer pour gagner plus d'argent ? Jusqu'à quelle limite ?

Quand vous étiez bébé, combien de fois êtes-vous tombé avant de marcher vraiment ? Et si, à cette époque, vous aviez eu le même cerveau qu'aujourd'hui, avec les mêmes capacités de réflexion, d'analyse, de comparaison, etc. comment pensez-vous que vous auriez réagi face à vos chutes et vos tentatives désespérées pour tenir debout ?

Pensez maintenant à une situation encore source de souffrance, pour vous. Imaginez que vous êtes dans ce même contexte, avec exactement les mêmes paramètres et conditions, à l'exception d'une chose toutefois : vous avez perdu momentanément la capacité de vous souvenir du passé et d'anticiper l'avenir. Avec ce changement, comment pensez-vous que vous réagirez à la situation ?

Vous êtes à la place de Dieu et vous vous questionnez sur le meilleur moyen de mettre en œuvre votre Création. Vous hésitez, dès lors, entre deux approches : celle qui consisterait à soigner chaque détail jusqu'à la perfection, et la deuxième, plus étrange, qui laisserait volontairement une partie de l'œuvre dans l'imperfection.

Quel sera votre choix ?

Quel type d'œuvre serait, à vos yeux, la plus parfaite ?

Et si vous revenez à votre place de créature imparfaite, que préférez-vous, prioritairement :

— Être parfaitement imparfait ?

— Ou être imparfaitement parfait ?

On vous donne le pouvoir de supprimer n'importe quel jour de la semaine qui ne sera plus jamais usité, jusqu'à la fin des temps, ni par vous ni par personne.
Quel jour voulez-vous effacer ?

Et après ce changement, qu'est-ce qui sera différent, selon vous : pour le monde ? les autres ? vous-même ?

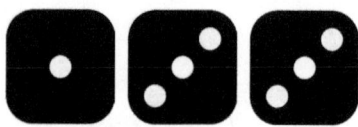

Le miroir, dans lequel vous avez l'habitude de vous regarder chaque matin, possède en fait des propriétés magiques cachées que vous ne soupçonniez même pas : il peut s'agrandir ou se réduire à volonté. Aussi grand que l'Univers, il peut refléter les galaxies ou la plus grosse des planètes ; aussi petit qu'un atome, il peut refléter la moindre des particules. Or, malgré cette capacité de déformation et de réflexion à l'infini (un peu à la manière dont votre esprit reflète le changement perpétuel du monde), il n'y a dans tout l'Univers passé, présent et à venir qu'une seule chose concrète que ce miroir ne pourra jamais refléter. Laquelle ?

Et si, à partir de demain, vous colliez votre photo sur votre miroir, que deviendraient ces remarquables propriétés ?

Le Destin, obligé de faire du porte-à-porte pour vendre sa camelote, frappe chez vous un beau matin, alors que vous êtes encore en pyjama. Il vous propose de sauver immédiatement un million d'enfants qui, sans vous, mourront de faim rapidement, contre la vie d'un de vos proches (en bonne santé et non suicidaire) que vous aimez beaucoup, et qui mourra inconsciemment et sans souffrances, demain pendant son sommeil. Acceptez-vous ?

L'alternative serait-elle plus facile, si vous deviez choisir une personne au hasard dans l'annuaire ?

Maintenant, imaginez ce même Destin qui vient vous révéler qu'un de vos proches, resté anonyme, a décidé de vous sacrifier pour sauver le million d'enfants mourants. Comment réagissez-vous ?

Et qui dans entourage, selon vous, a estimé que la vie d'un million d'enfants valait plus que la vôtre ?

Ne soyez pas vexé, mais supposons, pour un instant, que vous êtes une cocotte-minute. Du simple fait d'exister, votre relation au monde, aux autres et à vous-même vous met plus ou moins sous pression pour affronter les questions de tous les jours. Le feu sous la cocotte, c'est la pression de la vie, qui ne s'éteindra, d'ailleurs, qu'à votre mort. Protégé par un couvercle bien étanche qui assure votre intégrité, vous mijotez à l'intérieur votre petit plat personnel… Ah oui ! j'oubliais l'élément principal : le petit bouchon qui permet d'évacuer la pression intérieure. Car, vous le savez autant que moi, si pour une raison quelconque la pression ne pouvait plus s'échapper, alors le pire serait à craindre…

Alors, quels sont vos moyens de dé-pression, pour éviter d'exploser ?

Autrement dit, comment et où éliminez-vous les toxines affectives et psychologiques générées par la pression de votre vie quotidienne :

— En somatisant dans votre corps ?

— En écrivant toutes ces tensions dans un cahier « poubelle » ?

— En vous accusant d'être nul ?
— Par l'ex-pression artistique ?
— Par la dé-pression ?
— Par le sport ?
— Par la boulimie ?
— Par l'alcool ou la toxicomanie ?
— Par la viEolence ?
— En dormant ?
— En « pétant un boulon » ?
— En surinvestissant le travail ou une activité quelconque ?
— En vous confiant à une autre personne ?
— En fuyant dans vos rêves ?
— En transférant cette pression aux autres ?
— ...

    Combien de livres sur la marche avez-vous lus avant de savoir marcher ?

    Combien de livres sur la communication avez-vous lus avant de savoir parler ?

    Combien de livres sur la natation avez-vous lus avant de savoir nager ?

    Combien de livres sur la vie devrez-vous lire avant de savoir vivre ?

    La personne que vous aimez le plus au monde vient d'avoir un malheureux accident et se trouve dans le coma ; jusqu'à la fin de ses jours, comme vous le confirment plusieurs avis médicaux. Combien de temps serez-vous prêt à supporter cette situation et quels critères vous décideront à « débrancher les tuyaux » ?

L'histoire se passe ici, mais elle aurait très bien aussi pu se dérouler ailleurs, en tout cas ce fait divers vous concerne : une personne agresse violemment une deuxième pour lui prendre son argent et disparaître une fois son forfait accompli, laissant la pauvre victime en sang sur le trottoir. Cette dernière s'en tirera avec quelques jours d'hôpital et des cauchemars qui l'accompagneront encore pendant un temps.

Si vous vous mettiez à la place de la victime, diriez-vous que l'on vous a fait :
— du bien ?
— ou du mal ?

Et en essayant maintenant de vous mettre à la place de la personne qui a commis l'agression, considérez-vous qu'elle l'a fait :
— pour se faire du bien ?
— ou pour se faire du mal ?

Et vous, que faites-vous prioritairement, aujourd'hui, pour vous faire du bien ? pour éviter de vous faire du mal ?

Ce matin, on vient vous apprendre qu'à votre naissance, à la maternité, il y a eu un échange accidentel juste après l'accouchement : vos parents d'origine ont hérité du bébé d'à côté, vous-même ayant atterri, par erreur, dans les bras d'une autre femme qui a accouché le même jour. On vous montre la photo de vos parents biologiques, que vous découvrez pour la première fois depuis votre naissance, et vous savez de plus où les joindre : ils habitent non loin de chez vous. Qu'allez-vous faire ?

Lesquels allez-vous considérer, dorénavant, comme vos vrais parents ?

C'est l'histoire (vraie) d'un rat de laboratoire bizarrement équipé d'une électrode implantée dans le centre du plaisir de son cerveau, le tout directement relié à une pédale pouvant être actionnée à sa guise. Évidemment, l'animal comprend très vite le principe et s'en donne à cœur joie. À côté de la pédale, à quelques mètres, le nécessaire à sa survie : de l'eau et de la nourriture. À votre avis, comment cette histoire se termine-t-elle ?

Bien sûr, la pauvre bête meurt très rapidement par overdose de plaisir, n'arrivant plus à lâcher la pédale pour faire l'effort d'aller, tout simplement, boire et manger.

Et vous, quelle est votre maxime :
— « Vivre pour le plaisir » ?
— « Le plaisir pour vivre » ?

    Quelle est la dernière fois où vous avez choisi de ne pas choisir ?

Combien de temps pouvez-vous vous abstenir de relations sexuelles avec votre partenaire sans que cela ne nuise, selon vous, à votre couple ?

Et votre partenaire tiendrait combien de temps, à votre avis ?

Et s'il fallait choisir entre ces deux extrêmes, où irait votre préférence :
— L'amour sans le sexe ?
— Le sexe sans l'amour ?

De ces deux attitudes, quelle est celle que vous trouvez la plus généreuse :

— Offrir de l'argent, des cadeaux, du temps, de l'attention… aux personnes que vous aimez ou que vous sentez dans le besoin ?

— Ou faire les mêmes gestes envers une personne inconnue choisie au hasard dans la rue ou l'annuaire, sans vous en vanter ensuite à qui que ce soit, et en acceptant même l'idée que cette personne n'ait pas du tout apprécié votre geste ?

Comparez (à vue d'œil) votre bonheur à la moyenne des êtres humains ayant vécu sur cette planète depuis la nuit des temps. Faites-vous partie des 50 % les plus heureux ? ou des 50 % les plus malheureux ?

Si vous effectuez maintenant la même analyse avec les êtres humains qui vivent actuellement sur terre, feriez-vous partie des 50 % les plus heureux ? ou de l'autre moitié ?
Et en vous mesurant à l'ensemble des habitants de votre pays ?
De votre ville ?
De vos proches ?

La solitude, dans le fond, c'est quoi pour vous :
— Un mauvais moment à passer ?
— Un face-à-face avec vous-même ?
— La porte du divin ?
— L'espace pour créer ?
— Le temps du recueillement ?
— La porte de l'ennui ?
— Une malchance ?
— Un refuge ?
— Un sentiment d'abandon ?
— Un avant-goût de la mort ?
— La porte de la liberté ?
— ...

Vous venez d'apprendre, de source sûre, qu'un météorite va s'écraser sur nous dans les 24 heures et détruire toute vie sur Terre. Comme vous n'avez ni le temps ni les moyens de vous échapper dans l'espace, il ne vous reste plus, à vous et vos proches, qu'une journée à vivre. Qu'allez-vous faire de ces derniers instants ?

Quels sont, dès lors, les points de ce programme que vous pouvez appliquer dès maintenant ?

Et, en vivant, à partir d'aujourd'hui, comme si une météorite allait vous tomber sur la tête à chaque nouvelle journée, quelle serait votre nouvelle vie ?

Un psy, c'est quoi, prioritairement, pour vous :
— Une personne qui connaît les réponses à vos questions ?
— Un chirurgien de l'esprit ?
— Un prêtre laïc vous permettant de vous confesser ?
— Un substitut parental bienveillant ?
— Un sorcier de l'inconscient ?
— Un amour impossible ?
— Un avocat de la défense qui tente de vous défendre contre vous-même ?
— Un gourou qui s'ignore ?
— Quelqu'un qui peut vous permettre de vous poser les bonnes questions ?
— Une personne qui se fait de l'argent et une renommée sur la souffrance des autres ?
— Un métier comme un autre ?
— Quelqu'un qui s'occupe un peu trop de la vie des autres et qui ferait mieux de s'occuper un peu plus de la sienne ?
— Une béquille humaine ?
— Une personne qui souffre et qui se sert de la souf-

france des autres pour se guérir lui-même ?
— Quelqu'un qui ne parle jamais et qui refuse de répondre à vos questions ?
— ...

La machine à voyager dans le temps vient d'être inventée et vous êtes impatient de l'essayer. Votre mission, si vous l'acceptez, consiste à retourner dans le passé pour tenter d'influencer un personnage historique qui, à vos yeux, a causé de grands malheurs à l'Humanité. Vous voilà maintenant face à cette personne, que vous détestez probablement au fond de votre cœur, et l'on vous a assuré que, si vous étiez suffisamment convaincant, elle pourrait se laisser influencer et changer, dès lors, le cours de l'Histoire.

Comment allez-vous essayer de convaincre cette personne ? Quels seront vos arguments ?

Votre vie autonome, hors du ventre de votre mère, a commencé par un cri signalant l'entrée de l'air dans vos poumons et se terminera, très probablement, par un dernier soupir d'expiration. Entre les deux, ce mouvement incessant consistant à vous remplir et vous vider (d'air, d'eau, de nourriture, de relations, de questions…) marquera votre appartenance au monde des vivants.

Quelle est la première chose que vous faites, habituellement, dès votre réveil :

— Vous remplir (manger, boire, fumer, lire, écouter les nouvelles…) ?

— Vous vider ?

Dans le même mouvement :

Quelle est la première chose que vous faites dès que survient un état d'angoisse ?

Quelle est la première chose que vous faites juste après un moment de joie intense (l'orgasme par exemple) ?

Quelle est la dernière chose que vous faites, généralement, juste avant d'aller vous coucher ?

Quelle est la dernière chose que vous faites juste

avant de vous lancer dans une aventure passionnante ?

Quelle est la dernière chose que vous aurez envie de faire juste avant de mourir :
— Vous remplir ?
— Vous vider ?

Pourquoi vous arrêtez-vous, généralement, au feu rouge :
— Par crainte de la sanction ?
— Par honnêteté ?
— Par habitude ?
— Par devoir ?
— Par peur de perdre la vie ?
— Pour faire comme tout le monde ?
— Parce que vous ne voulez pas provoquer un accident et blesser quelqu'un ?
— Parce que, si tout le monde faisait pareil, ce serait le chaos et l'anarchie ?
— Parce que « c'est bien » ?
— Parce que « c'est comme ça » ?
— Parce que vous ne vous êtes jamais posé la question ?
— ...

Comment saurez-vous que vous êtes mort ?

Quand vous voyez la vie en rose ou noir, à quoi est-ce généralement dû, selon vous :
— À la vie ?
— Au monde ?
— À vous ?
— Aux autres ?
— À Dieu ?
— À la biochimie de votre cerveau ?
— À votre psy ?
— À la couleur de vos lunettes ?
— Au Hasard ?
— Au Destin ?
— À la Chance ?
— ...

La Vérité, c'est quoi, au fond, pour vous :
— Ce que vous pensez ?
— Ce que tout le monde pense ?
— Ce que les scientifiques pensent ?
— Ce que Dieu pense ?
— Ce que vous croyez ?
— Ce qu'il faut croire ?
— Ce qu'il est utile de croire ?
— L'évidence ?
— La Réalité ?
— Une illusion qui sait qu'elle est une illusion nécessaire ?
— La ligne d'horizon vers laquelle tout le monde regarde ?
— Une façon particulière d'agencer les pièces du puzzle du monde ?
— Une réponse de votre Programme de Cohérence Interne ?
— Quelque chose de difficile à accepter ?
— Ce qui vous fait du bien ?
— Un passe-partout qui permet d'ouvrir les serrures fermées ?

— Une réponse sans question ?
— ...

Imaginez que, suite à un miracle ou à un tour de force magique, vous deveniez immortel sur-le-champ. Pour les siècles des siècles, vous ne serez plus jamais soumis à la faim, à la soif, au manque, à la maladie, à la limite, au temps ni à la mort.

Quelle est la première chose que vous ferez, en priorité, dès que vous prendrez pleinement conscience de cette nouvelle réalité ?

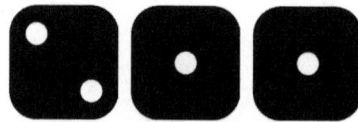

Quelles sont les questions que vous vous posez depuis des années et qui, malgré les réponses apportées, restent encore, pour vous, une question aujourd'hui ?

Et quelle est, parmi celles-ci, la question primordiale à laquelle vous préférez ne pas apporter de réponse ? Pour quelle raison ?

Imaginez la somme la plus importante que vous aimeriez gagner à un jeu télévisé. Combien voulez-vous : un million ? un milliard ? cent milliards ? encore plus ?...

Et maintenant, que seriez-vous prêt à faire pour l'obtenir (puisque c'est le but de l'émission) :

— Être filmé, 24 heures sur 24, tous les jours de la semaine, pendant dix ans, dans chaque moment de votre vie (même les plus intimes), observé à chaque instant par le monde entier sur Internet ?

— Partager la vie d'un groupe de clochards pendant cinq ans ?

— Jouer à la roulette russe avec trois balles dans le barillet ?

— Vous enfermer de plein gré dans une prison ou un hôpital psychiatrique pendant dix ans ?

— Vendre un produit que vous savez contaminé par un virus mortel ?

— Devenir aveugle, sourd et muet jusqu'à la fin de vos jours ?

— Prendre, à partir d'aujourd'hui, toutes les décisions de votre vie, des plus importantes aux plus anodines, en les tirant aux dés ?

— Ne plus vous faire plaisir pendant vingt ans ?

— Faire pendant dix ans le pire travail que vous puissiez imaginer ?

— Rester enfermé dans une chambre, seul, sans sortir ni voir personne, sans télévision, ni livres, ni musique, ni ordinateur, ni téléphone, et le tout pendant quatre ans quatre mois et quatre jours ?

— Ne pas vous laver pendant quatre ans ?

— Vous faire amputer d'un pied et d'une main ?

— Ne plus rire jusqu'à la fin de vos jours ?

— Vous défigurer définitivement le visage ?

— …

À votre avis, que se serait-il passé, depuis votre naissance, si vos poumons avaient eu la possibilité de choisir entre avoir envie ou pas de respirer ?

Et quand, plus fondamentalement, cette question de l'envie se posera à vous, que choisirez-vous :
— Avoir envie ?
— Être en vie ?

La sexualité, au fond, c'est quoi pour vous :
— Une partie de plaisir ?
— Une contrainte biologique ?
— Le moyen de faire des enfants ?
— Un jeu ?
— Un enjeu de pouvoir ?
— Ce qui fait tourner le monde ?
— Un retour à l'origine ?
— Un dispositif pratique pour libérer des neuroendorphines dans votre cerveau ?
— Une façon d'apprivoiser la mort ?
— Quelque chose de dégoûtant ?
— Votre partie animale ?
— Le fruit de l'Arbre de la Connaissance ?
— Un moyen habile pour posséder ou manipuler l'autre ?
— Un moment difficile et angoissant ?
— Une façon de connaître l'autre en profondeur ?
— Ce qui vous coupe de votre partie spirituelle ?
— Quelque chose à sublimer ?
— …

Parti en avion pour un lointain voyage avec la personne que vous aimez le plus au monde, vous vous retrouvez seul, avec cette personne, à survivre sur une île déserte après le crash de l'appareil. Les secours n'arriveront pas avant un mois et il ne reste plus rien à manger sur l'île. Le suicide vous étant interdit, qui va manger l'autre ?

Qui choisirez-vous de sauver ?

Pour qui vivez-vous, fondamentalement ?

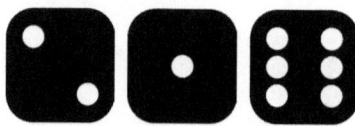

Combien de temps seriez-vous capable de rester sans vous regarder dans un miroir ?

Comme tout le monde, vous avez sûrement, en vous, une partie responsable de pensées ou comportements que vous n'aimez pas, et que vous accusez, dès lors, de bien des maux. Imaginez maintenant qu'une autre partie de vous décide de tenir le rôle de l'avocat de la défense. Quelle sera, dès lors, votre plaidoirie pour convaincre votre instance suprême que vous êtes innocent ?

Quand vous offrez un bouquet de fleurs à une personne vivante, que choisissez-vous, de préférence :
— Des fleurs vivantes qui faneront sous peu ?
— Ou des fleurs en plastique, voire en tissu ?
Et dans le cas d'une personne morte, où se porte votre choix ?

Finalement, si vous étiez une fleur, que préféreriez-vous être :
— Une fleur éphémère vivante ?
— Ou une fleur éternelle en plastique ?

Il était une fois une famille heureuse et sans histoire. Comme ils vivaient à la campagne, la mère partait chaque matin en voiture et déposait au passage ses deux charmants enfants à l'école, pendant que le père restait à la maison pour travailler à distance sur son ordinateur. L'école était à quelques kilomètres de chez eux et se trouvait au centre du village voisin, près de l'église, juste après la voie ferrée protégée par une barrière automatique. Ce matin-là, un jeudi de février, il avait neigé abondamment, comme cela n'était pas arrivé depuis des années, de mémoire d'agriculteur. Les enfants avaient dû mettre bottes et bonnets ; ils se seraient bien arrêtés un instant pour faire un bonhomme de neige, mais leurs parents refusèrent, car ils risquaient fort d'être en retard en classe, malgré le passage matinal du chasse-neige. Une fois devant la barrière levée, la voiture s'avança doucement sur le passage à niveau, comme chaque matin de la semaine, et c'est à ce moment-là que le train jaillit, les tuant tous les trois sur le coup. Les journaux ont révélé, peu après, que la barrière était restée anormalement levée, ce jour-là, à cause de la chute de neige trop importante qui avait couvert la cellule photoélectrique actionnant la barrière.

Un centimètre de neige en moins et c'est la vie. Un centimètre de neige en plus et c'est la mort.

Je me suis souvent demandé le sens que le père avait pu donner à ce malheur, pour continuer à vivre…

Et vous ? Comment auriez-vous réagi, si vous aviez été à sa place ?

Sur l'Océan, il est parfois utile de s'arrêter pour faire le point sur son voyage.
Quelle est la dernière fois où vous avez fait le point sur le cheminement de votre vie ?

Et si vous vous projetez sur une échelle de 1 à 10 (10 étant l'idéal que vous voulez atteindre dans l'avenir ; 1 le moment le plus bas de votre passé), entre ces deux extrêmes, où en êtes-vous aujourd'hui ?
En quoi votre vie sera différente, quand vous aurez avancé juste d'un cran ?
Et que pouvez-vous faire, dès maintenant, pour aller dans ce sens ?

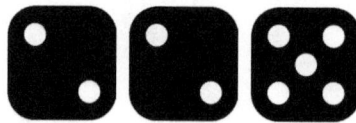

    En obtenant le montant payé par une grande marque pour passer une heure de publicité à la télévision, aux heures de grande écoute, vous pourriez largement réaliser vos rêves les plus fous. Combien d'argent demanderiez-vous, si la même marque vous proposait de tatouer, à vie, son logo :
    — Sur votre dos ?
    — Sur votre bras ?
    — Sur votre front ?
    — Sur votre sexe ?
    — Sur votre carte d'identité ?
    — Sur vos vêtements ?

Pour emmener l'Humanité vers des jours meilleurs, vous pensez créer une nouvelle religion (de toutes pièces ou en vous inspirant des anciennes).
Quelles en seront les trois vérités principales ?
Quels en seront les dix commandements ?
Quel sera votre rôle ?

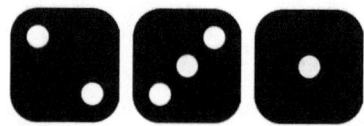

Voir une personne morte devant vous, cela vous fait quoi ?
— Et un singe ?
— Un chien ?
— Une poule ?
— Un pigeon ?
— Un escargot ?
— Une fourmi ?
— Un moustique ?
— Une puce ?
— Un microbe ?...

À partir de quelle taille la mort vous laisse-t-elle indifférent ?

Si vous étiez Dieu, à quoi passeriez-vous votre temps, une fois la Création terminée ?

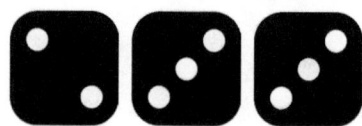

Sans faire attention, vous vous asseyez sur une chaise où est plantée une aiguille qui se pique dans vos fesses. Quel est votre premier réflexe :
 — Vous lamenter sur votre sort ?
 — Vous lever et vous mettre à courir ?
 — Enlever l'aiguille ?
 — Rester impassible, comme si de rien n'était ?
 — Appeler à l'aide ?
 — Essayer de comprendre comment et pourquoi tout cela vous est arrivé ?
 — Chercher dans votre tête qui peut bien vous en vouloir à ce point ?
 — Réfléchir avec inquiétude sur la date de votre dernière vaccination du tétanos ?
 — …

Si vous vous étiez posé la question « qui suis-je ? » et que vous ayez eu les moyens d'y répondre, qu'auriez-vous dit :
— dans le ventre de votre mère ?
— à un an ?
— deux ans ?
— cinq ans ?
— dix ans ?...

Que répondriez-vous aujourd'hui ? dans un an ? dix ans ? etc.

Et quel point commun trouvez-vous, au bout du compte, à toutes ces réponses ?

Vous est-il déjà arrivé de penser que parfois une personne inconnue, quelque part, souffre ou avait souffert à cause de vous, sans que vous le vouliez vraiment et de façon totalement involontaire, simplement du fait de votre viEolence d'exister (au travail, en amour, et de façon plus générale chaque fois que vous avez obtenu quelque chose qu'une autre personne anonyme convoitait également) ?

Et pensez-vous, à l'inverse, être la victime involontaire d'une personne anonyme qui exerce indirectement sur vous sa viEolence existentielle ?

Après la journée de la musique, la journée de la femme, la journée sans voiture et la journée sans télévision, le gouvernement vient de promulguer la journée de l'inutile : pendant ces 24 heures, vous êtes invité à faire quelque chose de totalement inutile qui n'apportera rien de spécial à vous ni à quelqu'un d'autre.

Qu'allez-vous faire ?

Des informations scientifiques, auxquelles vous accordez du crédit, viennent d'annoncer que faire l'amour avec un éléphant (mâle ou femelle) serait le top du top en matière d'orgasme.
Allez-vous tenter l'expérience ?
Oserez-vous en parler, après, à votre partenaire ?

Comme tous les bébés du monde entier, vous avez normalement souri quand vous étiez dans le ventre de votre mère. À qui s'adressaient vos premiers sourires ?

Et depuis, quelle est la dernière fois où vous vous êtes surpris à sourire sans raison apparente ?

De la même façon, votre bonheur actuel est-il dépendant des expériences que vous vivez, ou bien votre bonheur en est-il indépendant ?

Quand vous dites « je suis heureux », où se trouve ce bonheur :
— à l'intérieur de vous ?
— ou à l'extérieur de vous ?

Si vous perdiez toutes les personnes que vous aimez, vivriez-vous encore dans le bonheur ?

Si vous perdiez toutes les choses auxquelles vous tenez, vivriez-vous encore dans le bonheur ?

Si vous perdiez votre image idéalisée, vivriez-vous encore dans le bonheur ?

Si vous perdiez la santé, vivriez-vous encore dans le bonheur ?

Si vous perdiez la liberté, vivriez-vous encore dans le bonheur ?

Et si vous perdiez tout cela en même temps, vivriez-vous encore dans le bonheur ?

Selon vous, quel type de chaise résiste le mieux aux aléas de la vie :
— Une chaise à un pied ?
— Deux pieds ?
— Trois pieds ?
— Ou quatre pieds ?

Et vous, quels sont les pieds sur lesquels repose actuellement votre vie ?

Quand vous dites « je n'ai pas le temps », que voulez-vous vraiment dire par là :
— Je n'ai pas envie ?
— Je n'ose pas dire « non » ?
— Je n'arrive pas à faire de choix ?
— J'ai peur de dire « oui » ?
— Tu m'ennuies ?
— J'ai autre chose de beaucoup plus intéressant à faire ?
— Je ne veux pas perdre mon temps ?
— Cela ne va rien me rapporter, et pour moi « le temps c'est de l'argent » ?
— Laisse-moi encore un peu de temps ?
…

Imaginez que tous les milliards d'êtres humains, sans exception, soient comme vous : qu'ils aient les mêmes idées, goûts, valeurs, qualités, croyances, certitudes, etc. Dans quel monde vivrez-vous alors ?

À défaut, si dans un avenir proche on vous proposait de vous cloner pour créer un être absolument identique à vous-même et qui vivrait en même temps que vous, accepteriez-vous ?
Et comment vous imaginez-vous vivre avec ce double ?

Pour quelle raison, cause, situation extrême seriez-vous prêt à tuer une autre personne ?

Imaginez maintenant que cette même personne vienne vous voir en vous tenant exactement le même discours : c'est-à-dire qu'elle avoue se sentir dans l'obligation de vous tuer, pour des raisons également exceptionnelles. Quelle serait, alors, votre réaction ?

Vous vous promenez tranquillement, en solitaire, par une belle après-midi d'été, quand, derrière vous, une personne inconnue vous crie « La Vérité ou la Vie ? » en vous braquant un pistolet dans le dos.

Qu'allez-vous choisir ?

Et la prochaine fois où vous sentirez votre vie en danger, que préférerez-vous entendre :
— Une illusion qui rassure ?
— Ou une vérité qui fait mal ?

Que penseriez-vous d'une personne qui continue à porter sur son dos le radeau qui lui a servi à traverser la rivière ?

Et vous, quels sont les objets, les relations, les souvenirs, les idées, les peurs, les certitudes… que vous traînez encore avec vous, et qui pourraient n'être que d'anciens radeaux qui témoignent de vos traversées ?

Parmi votre entourage, quelle est la personne, aujourd'hui, que vous aimez le plus ?
Et quand vous dites que vous l'aimez, que voulez-vous vraiment dire par là :
— J'ai besoin de cette personne ?
— Cette personne a besoin de moi ?
— Nous avons vécu de bons moments ensemble ?
— Nous avons de beaux enfants ?
— J'aime ce que cette personne me donne ?
— À deux, j'oublie les malheurs du monde ?
— Quand on est ensemble, je m'oublie ?
— J'aime bien quand on fait l'amour ?
— En sa présence, j'ai moins peur ?
— J'aime l'image que cette personne a de moi ?
— Je n'aime pas la solitude ?
— J'ai peur de la mort ?
— J'aime sa différence ?
— J'aime notre ressemblance ?
— C'est la seule personne qui me comprend et qui m'accepte comme je suis ?
— Je l'aime parce que les autres l'aiment ?
— Je l'aime parce que cette personne s'aime ?

— Je veux son bonheur ?
— En dehors de cette relation ma vie est vide ?
— ...

De quoi souffrez-vous, généralement :
— De ce qui vous arrive ? Ou du sens que vous donnez à ce qui vous arrive ?
— De ce que vous êtes ? Ou du sens que vous donnez à ce que vous êtes ?

Quel est le compliment que vous ne vous êtes jamais adressé à vous-même ?

Vous êtes aux premiers temps de la Genèse et vous devez choisir votre forme de vie. Pour laquelle optez-vous :
— Vivre pour l'éternité dans la peau d'une particule ?
— Vivre des milliards d'années dans la peau du soleil ?
— Vivre dix mille ans dans la peau d'une montagne ?
— Vivre mille ans dans la peau d'un séquoia ?
— Vivre des centaines d'années dans la peau d'une tortue ?
— Vivre quatre-vingts ans dans la peau d'un humain ?
— Vivre un jour dans la peau d'un ange ?
— Vivre une seconde dans la peau de Dieu ?

Imaginez une de vos relations où l'un de vous dirait toujours « oui » à l'autre. Idem pour une autre relation où l'un dirait toujours « non ». En quoi ces relations seraient-elles différentes de vos relations habituelles ?

Et de façon approximative, dites-vous plus souvent « oui » ou « non » ?
Quel mot vous semble le plus difficile à prononcer ?

Si vous disiez un peu plus souvent « oui », en quoi votre vie serait-elle différente ?
Si vous disiez un peu plus souvent « non », en quoi votre vie serait-elle différente ?

Une expérience scientifique inédite vous permet d'enregistrer un message (dix lignes au maximum) qui sera mis sur orbite, en toute sécurité, et qui reviendra sur Terre, exactement, dans mille ans.

Qu'avez-vous envie de dire à vos lointains descendants ?

Dans une semaine normale, combien de fois mangez-vous pour nourrir :
— Votre corps (ce qui vous importe est avant tout la composition des aliments) ?
— Votre esprit (vous privilégiez d'abord le plaisir apporté par ces aliments) ?
— Vos relations (c'est essentiellement le contexte et les personnes avec qui vous mangez qui comptent) ?

En combien de dimensions mangez-vous ?

Prenez l'animal que vous aimez le plus et donnez-lui la conscience de lui-même ainsi que de la mort en général et de sa mort en particulier.

En quoi la vie de cet animal sera-t-elle différente avec ces nouvelles propriétés ?

Quels avantages pensez-vous qu'il aura gagné ?

Et quels soucis aura-t-il en plus ?

Et si vous étiez dans la peau de cet animal, que choisiriez-vous :

— Revenir à l'inconscience d'avant, en perdant les avantages mais également les soucis qui vont avec la conscience ?

— Ou bien garder cette conscience, avec les effets secondaires qui l'accompagnent ?

Le Hasard, déguisé en clochard faisant la manche, vous propose d'augmenter, du pourcentage désiré, votre qualité de vie contre la diminution, en proportion équivalente, de votre durée de vie restante (ou l'inverse).

Quel pourcentage échangez-vous, et dans quel sens ?

Vous venez de vous procurer, en avant-première mondiale, le produit dont vous rêviez depuis longtemps : l'âmescope, qui est à l'esprit ce que l'appareil photo est au corps, et qui vous permettra, enfin, d'avoir une image de votre réalité intime.

À quoi ressemblera votre portrait intérieur d'aujourd'hui ?

Imaginez que, dans le monde entier, et ce depuis toujours, les prés aient été constitués uniquement de roses rouges : des milliards et des milliards de roses rouges, avec parfois, perdu au milieu d'un champ, juste un petit brin d'herbe verte.

Si le monde avait toujours été comme cela et que vous n'en ayez pas connu d'autre, qu'auriez-vous envie de cueillir :
— Une rose ?
— Ou un brin d'herbe ?

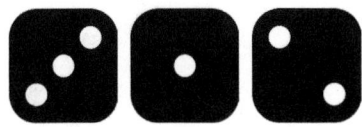

Où avez-vous mis :
— Votre rage d'adolescent ?
— Votre envie de changer le monde ?
— Votre insouciance ?
— Votre émerveillement infantile ?
— Votre petit grain de folie ?
— Votre capacité à jouer ?
— Votre quête de l'impossible ?

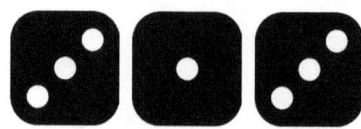

Quel écart y a-t-il, aujourd'hui, entre « ce que vous êtes » et « ce que vous voulez être » ?

Et pour faire baisser cet écart, dans quel sens vous est-il le plus facile d'agir :
— En faisant monter « ce que vous êtes » à la hauteur de « ce que vous voulez être » ?
— Ou en faisant descendre « ce que vous voulez être » au niveau de « ce que vous êtes » ?

Et si l'un des deux pôles devait se suicider pour que l'autre vive, qui choisiriez-vous de sacrifier :
— « Ce que vous êtes » ?
— « Ce que vous voulez être » ?

La Mort, décidément jamais à court d'idées, vient vous voir juste avant que vous ne mouriez et vous propose un marché : soit que vous mourriez effectivement, soit que vous puissiez recommencer une nouvelle vie, mais uniquement comme meurtrier en série ou handicapé mental ou dans un pays pauvre et en guerre ou comme enfant abandonné.

Que choisissez-vous ?

Dieu, c'est quoi, fondamentalement, pour vous :
— La Réponse à toutes les questions ?
— L'Absolu ?
— L'Origine de toute chose ?
— Le Hasard ?
— Le Grand Médicament ?
— La Conscience ?
— Le Destin ?
— Le Grand Architecte ?
— Le Père Noël des adultes ?
— Le Chaos ?
— Un mot du dictionnaire ?
— L'Océan ?
— Une femme ?
— Un radeau pour traverser la rivière ?
— L'Énergie ?
— Un mythe qui a permis de civiliser l'Humanité ?
— L'Univers ?
— Un édulcorant pour faire passer la pilule amère de la réalité ?
— La Vérité ?
— La promesse d'une vie après la mort ?

— La Nature ?
— Ce vers quoi nous devrions tendre ?
— Un gigantesque Dé avec un nombre de faces proche de l'infini ?
— L'anagramme de « vide », en ancien français ?
— Une Question sans réponses ?
— ...

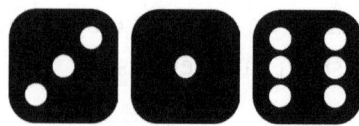

Marchant tranquillement dans la rue par un après-midi ensoleillé, vous voyez deux inconnus se disputer et en venir aux mains. Quelle est votre première réaction ?

Et supposez maintenant qu'une troisième personne vienne vous donner un prospectus évoquant une pièce de théâtre qui se jouera prochainement près de chez vous, prospectus sur lequel vous découvrez la photo des deux protagonistes (qui continuent d'ailleurs à se bagarrer devant vos yeux). Quelle sera, cette fois-ci, votre réaction ? Et quelle différence faites-vous entre les deux points de vue que vous avez successivement adoptés ?

Vous reprenez votre promenade, et, quelques mètres plus loin, un inconnu vous aborde subrepticement dans votre dos en vous laçant des injures. Votre sang ne fait qu'un tour et vous vous retournez prêt à répondre, mais vous prenez rapidement conscience que cette personne a un nez rouge au milieu de la figure, ce qui arrête net votre intention de départ. Que s'est-il passé, là encore ?

Après un demi sourire à votre interlocuteur, vous reprenez votre route, les yeux au sol, perdu dans vos pensées sur ce qui vient de se dérouler, et c'est alors que vous cognez involontairement un passant qui se met en colère contre vous. Comment allez-vous réagir cette fois-ci ?

Vêtu d'une peau de bête et dormant dans des cavernes avec votre clan, vous vivez à l'aube de l'Humanité. Hier, pour la première fois, vous avez été blessé par une force obscure que vous ne connaissiez pas. Maintenant vous avez peur et vous n'osez plus sortir de votre grotte. Quelques jours plus tard, après un échange avec les anciens de la tribu, vous décidez de griffonner, sur les parois rocheuses de votre maison, une image de cette force dangereuse, puis vous lui donnez un nom pour mieux dialoguer avec elle, dans l'espoir de l'apprivoiser. Après quelques jours de ce rituel, vous reprenez courage et tentez de nouveau de vous aventurer au dehors. Enfin, après quelques tentatives d'approche répétées, vous arrivez à maîtriser cette force inconnue que vos lointains descendants nommeront « le feu ».

Si vous réfléchissez maintenant à certaines pensées, sensations ou ressentis qui vous font peur et vous mettent mal, comment pourriez-vous en créer une image et un nom, pour commencer à dialoguer avec ?
Que pourriez-vous leur dire ?
Que pourriez-vous faire concrètement avec cette re-

présentation de votre mal ?

En fin de compte, comment pourriez-vous apprivoiser ce feu intérieur, pour qu'il vous réchauffe au lieu de vous brûler ?

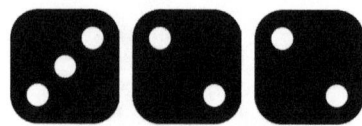

Qu'est-ce qui vous paraît, aujourd'hui, le plus facile :
— Aimer une idée ou aimer un être vivant ?
— Aimer un animal ou aimer un être humain ?
— Aimer un enfant ou aimer un adulte ?
— Aimer un adulte faible et dépendant ou aimer un adulte sûr de lui et autonome ?
— Aimer quelqu'un d'autre ou vous aimer vous-même ?
— Aimer ce que vous êtes ou aimer ce que vous aimeriez être ?

Face à un pays en guerre, près de chez vous, que faites-vous, en priorité :
— Aider les pauvres victimes blessées, en envoyant de l'argent ou en allant sur place ?
— Militer ou agir directement pour arrêter la guerre, en prenant le risque de vous mettre en danger ?
— Les deux ?
— Ni l'un ni l'autre ?

Et face aux blessés de la guerre économique, c'est-à-dire les clochards qui font la manche près de chez vous, que faites-vous, en priorité :
— Leur donner une petite pièce ?
— Vous battre pour une société plus juste, en acceptant de perdre certains avantages en contrepartie ?
— Les deux ?
— Ni l'un ni l'autre ?

Vous êtes dans une impasse, enfermé seul dans une pièce dont vous ne pouvez plus ouvrir la porte et sans possibilité d'appeler qui que ce soit. Seul moyen de changer les choses et de sortir de cette situation : sauter par la fenêtre, mais elle est à trois mètres du sol et vous ne voulez pas vous blesser.

Que se passerait-il si vous mettiez volontairement le feu à la porte ?

Et dans cette situation particulière qui vous préoccupe actuellement, comment pouvez-vous « mettre le feu » pour sauter par-dessus vos peurs ?

Avez-vous remarqué si vous étiez toujours attiré ou non par le même type d'homme ou de femme ? Et quelles sont les cinq caractéristiques majeures de ce modèle ?

Votre idéal serait-il le même, si vous deveniez :
— Aveugle ?
— Transsexuel ?
— Clochard ?
— Star de cinéma ?

    Vous venez d'acheter (assez cher) le dernier produit tendance dont tout le monde parle : la machine à téléportation qui vous permet, en moins d'une seconde, de vous retrouver n'importe où, quelle que soit la distance effectuée.
    Dès lors, où déciderez-vous d'habiter ?

Dans l'océan de la vie, il y a deux sortes d'embarcations : celles qui préfèrent une mer calme, et les autres qui n'ont pas peur d'une mer houleuse.
Selon vous, laquelle ira le plus loin ?

Et vous, comment gérez-vous les creux de vague ?

Quelle est la dernière fois où vous avez pris conscience que vous étiez en train de respirer ?

Quelle est la dernière fois où vous avez pris pleinement conscience que vous étiez en train de manger et de ce que vous étiez en train de manger ?

Quelle est la dernière fois où vous avez effectué un acte des plus banals (monter les marches d'escalier, fermer la porte à clé, tirer la chasse des WC...) en étant complètement à ce que vous faisiez ?

Quelle est la dernière fois où vous avez pris conscience du contact de vos doigts sur les pages de ce livre que vous êtes en train de lire maintenant ?

Pour quoi lisez-vous ce livre ?
Que désirez-vous encore savoir ?
Que voulez-vous, au fond ?

Quelle est votre « question derrière les questions » ?

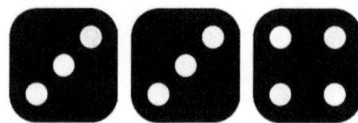

Si vous aimez la montagne ou la mer par très beau temps, peut-être faites-vous partie des personnes qui mettent des lunettes spéciales pour se protéger de la lumière trop puissante du soleil. De même, quels pourraient être, actuellement pour vous, les comportements, les idées, les croyances… qui vous servent de filtre pour ne pas être aveuglé par la réalité toute crue ?

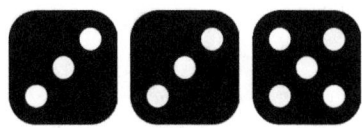

Combien de vrais amis vous resterait-il si vous leur annonciez que vous avez le SIDA, que vous êtes clochard ou que vous avez fait de la prison par le passé ?
Et comment réagiriez-vous, à votre tour, si un de vos proches venait vous faire la même confidence ?

Quelles sont les personnes intimes desquelles vous êtes prêt à accepter un désaccord profond sur des valeurs essentielles à vos yeux ?
Et à l'inverse, qui serait capable d'accepter la même chose venant de vous ?

Quelle est votre limite à votre intransigeance sur vos valeurs essentielles ?
Quelle est votre limite à vos relations d'amitié ?
Et en cas de conflit majeur entre les deux, qui préférerez-vous sauver :
— Vos valeurs ?
— Ou votre amitié ?

Imaginez que tout le monde soit transparent et que chacun puisse voir à l'intérieur de l'autre ses soucis, ses joies, ses peurs, ses secrets, ses problèmes... Comment le vivriez-vous ?

Imaginez de même, si le choix n'était pas contraire aux bonnes mœurs, que tout le monde vive tout nu, comme au Paradis. Comment le vivriez-vous ?

Quel peut être, dès lors, l'avantage, pour vous, de garder une certaine opacité envers les autres ?

Il était une fois un monde composé uniquement d'un gigantesque océan s'étendant à l'infini. De temps à autre, une barque surgit des profondeurs avec un être vivant à l'intérieur qui se met alors immédiatement à ramer pour ne pas couler. Dans ce monde, certaines personnes préfèrent saborder leur barque plutôt que de continuer à ramer ; d'autres rêvent d'une Terre Promise pour, enfin, se reposer en paix. La très grande majorité possèdent une carte, ancienne ou nouvelle, qui leur permet de se diriger dans l'inconnu et ils sont bien nombreux celles et ceux qui prétendent connaître la bonne direction et la meilleure façon de ramer. Seuls quelques hurluberlus s'aventurent dans l'océan infini sans carte et, à la question « où allez-vous ? », ils répondent invariablement « à l'océan ».

Et vous ? Comment voyagez-vous dans l'océan de la vie ?

Quelle est la carte qui vous sert de point de référence quand vous émettez un jugement négatif ou positif sur la conduite de votre vie ?

Vous reste-t-il encore, comme une boule à l'estomac ou au fond de la gorge, des choses à dire à des proches décédés ?

Et comment pourriez-vous leur dire, même en leur absence :

— En allant le cracher sur leur tombe ?

— En leur disant dans vos rêves ou cauchemars ?

— En le disant à des vivants proches qui, inconsciemment, vous serviront de bouc-émissaires ?

— En leur écrivant une dernière lettre d'adieu, que, une fois brûlée et réduite en cendres, vous dispersez au-dessus de leur tombe ou autre lieu symbolique pour vous ?

— En détruisant quelque objet venant d'eux ?

— En transformant ce vécu en création artistique (texte, image, forme…) ?

— En allant voir un psy ?

— En allant voir un médium ?

— …

Quand vous lui dites « tu as dit ça », de quoi voulez-vous vraiment parler :
— De ce que l'autre a dit ?
— De ce que vous avez entendu ?
— De ce que vous pensez que l'autre avait l'intention de dire ?

Quand vous lui dites « je n'ai pas dit ça », de quoi voulez-vous vraiment parler :
— De ce que vous avez dit ?
— De ce que l'autre dit avoir entendu ?
— De ce que vous n'aviez pas du tout l'intention de dire ?

À quoi vous servent vos trous (bouche, oreilles, nez, anus, urètre, pores de la peau…) ?

Imaginez maintenant que vous les bouchiez, à jamais. Quelle serait votre vie ?

Suite à la chute de la gigantesque météorite, vous êtes, par le plus grand des miracles, le seul être humain vivant désormais sur cette planète. Le suicide vous étant interdit, qu'allez-vous faire de vos journées, à part manger, dormir, vous protéger du froid, du chaud et des bêtes sauvages ?

Le bonheur, cela veut dire quoi, fondamentalement, pour vous :

— Qu'il n'y a rien actuellement dans votre vie qui vous dérange ?

— Que vous trouvez du plaisir et de la satisfaction à ce que vous faites ?

— Que vous avez trouvé un sens à votre vie ?

— Que les personnes que vous aimez sont heureuses ?

— Que vous venez de trouver une paire de lunettes roses ?

— Que vous venez de sortir d'une mauvaise passe ?

— Que l'un de vos rêves vient de se réaliser ?

— Que vos médicaments commencent à faire effet ?

— Que le vent se lève enfin et que votre barque va pouvoir se remettre en route ?

— Que la Chance vous sourit ?

— ...

Qu'est-ce qui est, actuellement, le plus en votre pouvoir :
— Aimer les autres ?
— Ou être aimé des autres ?

Dans la prison de la vie, il y a deux sortes de prisonniers. D'un côté, il y a les adeptes des chaînes dorées, qui arrangent leur cellule pour se donner tout le confort possible (télévision, frigo plein à ras bord, dvd, climatisation, posters géants d'îles paradisiaques, musique douce, lit douillet, charmante compagnie…) De l'autre, les partisans des chaînes rouillées, qui préfèrent, au contraire, dormir à même le sol dans le minimum de confort pour ne surtout pas oublier qu'ils sont en prison et garder ainsi l'envie intacte de s'en libérer.

À votre avis, qui aura le plus de mal à quitter ses chaînes ?

Et vous ? Quel type de chaînes préférez-vous :
— les dorées ?
— ou les rouillées ?

    Combien de temps seriez-vous capable de rester en silence, dans la solitude, sans rien faire de particulier, sans prier ni réciter de mantras, sans partir dans vos pensées ou vos rêveries, sans vous endormir non plus, et sans que cela vous angoisse ?

    Quelle est la dernière phrase que vous aurez envie de dire juste avant de mourir ?
    À qui ?

Ce matin, en mettant le nez dehors, vous vous rendez compte que le soleil brille et qu'il n'y a pas un nuage à l'horizon. Par quel commentaire allez-vous accompagner cette observation, vous qui vivez dans cette région désertique où sévit la famine depuis trop longtemps déjà :
— « Il fait beau » ?
— « Il fait mauvais » ?

Et pourquoi donc préférez-vous, généralement, le soleil à la pluie :
— Parce que vous ne vivez pas dans le désert ?
— Parce que vous n'êtes pas paysan ?
— Parce que tout le monde fait pareil ?
— Parce que vous ne vous êtes jamais posé la question ?
— Parce que votre corps est programmé pour ça ?
— Parce que vous préférez le chaud au froid ?
— Parce que vous préférez la lumière à l'ombre ?
— Parce que vous aimez bien avoir un corps bronzé ?
— Parce que la pluie, ça mouille ?

— Parce que c'est plus simple pour vivre ?
— ...

Imaginez que, la prochaine fois où l'un de vos proches vous contacte pour vous proposer une sortie, au lieu d'accepter ou refuser selon votre envie, vous répondiez « oui » ou « non » selon le tirage pair ou impair d'un dé.

Cela changerait quoi, pour vous ?

La roue de la Chance vient de tourner à votre avantage : votre nom a été tiré au sort parmi les milliards d'humains, et, bien que votre vie soit extraordinairement ordinaire (ou l'inverse), on vous fait l'honneur de pouvoir figurer dans le dictionnaire.

Quelle photo ou image choisirez-vous pour vous illustrer ? Et quel texte allez-vous rédiger (dix lignes maximum) pour l'accompagner ?

Quand votre enfant s'écartera sérieusement des attentes que vous avez à son égard, qui choisirez-vous d'aimer ou de sacrifier :

— L'enfant imaginaire que vous portez encore avec vous ?

— L'enfant réel qui s'éloigne de plus en plus de vous ?

Si vous perdiez un bras, seriez-vous toujours la même personne ?
Un pied ? Une main ? Un œil ? Deux pieds ?...
Si on vous greffait le rein de quelqu'un d'autre, seriez-vous toujours la même personne ?
Un poumon ? Un cœur ? Un bout de cerveau ?...

À partir de combien de parties perdues et transplantées auriez-vous l'impression d'être devenu quelqu'un d'autre ?

Si c'était techniquement possible, aimeriez-vous faire l'amour avec vous-même ?

Si la personne que vous aimez le plus au monde vous abandonnait ou se détournait de vous, comment réagiriez-vous en priorité :
— Ça n'arrive qu'à moi ?
— C'est la vie ?
— C'est le destin ?
— Je n'ai pas de chance ?
— Je n'ai pas perdu grand-chose ?
— Après le beau temps, la pluie ?
— Je suis nul ?
— C'est l'occasion d'un défi et d'un nouveau départ dans ma vie ?
— Cette expérience difficile ne peut que me renforcer pour les épreuves suivantes ?
— Ça lui passera ?
— Demain est un autre jour ?
— Je me vengerai ?
— Ma vie n'a plus de sens ?
— …

D'après vous, en essayant de vous mettre à leur place, quel est le sens de la vie :
— Dune fourmi ?
— D'un chat ?
— D'une salade verte ?
— D'un virus de la grippe ?
— D'un serpent ?
— D'une plante vénéneuse ?
— D'un aveugle sourd-muet ?
— D'une personne se prenant pour Jules César ?
— D'une personne aimant bien faire souffrir les enfants ?

Et vous, quel sens donnez-vous, actuellement, à votre vie ?

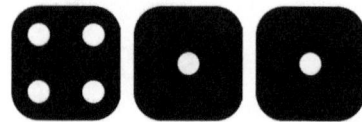

    Imaginez qu'une guerre internationale ou une famine terrible se déclare dans votre vie et vous frappe de plein fouet demain matin.

    Que deviendront les questions qui vous préoccupent actuellement ?

    Quelles seront, alors, les questions qui auront, éventuellement, pris leur place ?

    Que seront devenues vos questions de départ, une fois la famine ou la guerre terminée ?

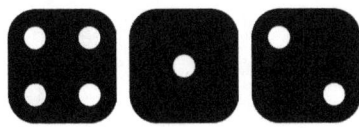

À votre naissance, on vous a coupé le cordon ombilical biologique.

Quand et comment avez-vous coupé, vous-même, le cordon psychologique et affectif ?

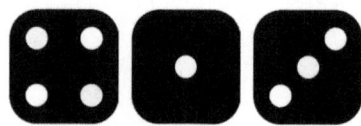

Enchanté de votre première expérience avec la machine à voyager dans le temps, vous décidez de retourner dans votre propre passé, à une époque où vous avez souffert. Avec l'expérience que vous avez acquise depuis, quels conseils vous donnerez-vous à vous-même pour surmonter ce moment difficile de votre passé ?

Imaginez faire maintenant le même type de voyage, mais dans le futur, dans dix ans, quand vous aurez dépassé les problèmes d'aujourd'hui.
Quelles questions poserez-vous à ce vous futur ?
Quelles réponses vous apportera-t-il pour vous aider à avancer ?

Ce matin, dans votre boîte aux lettres, vous recevez une convocation pour le plus grand procès de tous les temps : celui du jugement de Dieu (par contumace) pour crimes contre l'Humanité, sur l'initiative de nombreuses associations de défense de victimes (de tremblements de terre, guerres, malformations à la naissance, malchance d'être nés de parents destructeurs…) Bon nombre de représentants de diverses religions et d'individus à titre personnel sont, par ailleurs, prêts à assurer la défense de l'Accusé.

Et vous, qu'allez-vous faire :

— Jeter la convocation à la poubelle ?

— Suivre le jugement aux actualités, mais sans y participer directement ?

— Ajouter votre témoignage personnel dans le sens de l'accusation ?

— Prendre parti pour la défense ? (Qu'elle pourrait être alors votre plaidoirie ?)

Vous cherchez la Liberté ? la Vérité ? le Bonheur ? l'Amour ? l'Absolu ? la Sérénité ? le Pouvoir ? la Gloire ?…

Que ferez-vous, ensuite, après l'avoir trouvé ?

Vos parents, au fond, ils ont été quoi, pour vous :
— Ceux qui vous ont donné la vie ?
— Ceux qui vous ont transmis la vie ?
— Ceux qui vous ont appris la vie ?
— Ceux qui vous ont nourri ?
— Ceux qui vous ont empêché de faire ce que vous vouliez ?
— Ceux qui vous ont obligé à grandir ?
— La source de tous vos maux ?
— Un radeau pour traverser la rivière de l'enfance ?
— Une béquille momentanée qui vous a permis de ne pas trop marcher de travers ?
— Un amour impossible ?
— Un deuil impossible ?
— Les géants que, par erreur, vous aviez pris pour Dieu ?
— Un modèle dont vous tentez encore désespérément de vous défaire ?
— Un antimodèle qui vous colle à la peau ?
— Les créateurs de l'enfant imaginaire que vous avez toujours refusé d'être ?
— Les créateurs qui ont fait de vous ce que vous

êtes ?
— Des vieux cons qui n'ont rien compris ?
— Des inconnus ?
— Du passé….

Imaginez une personne prenant tout le temps la vie 100 % au sérieux.
Imaginez maintenant l'inverse, quelqu'un qui ne prendrait jamais rien au sérieux.
Entre les deux, où vous situez-vous ?
Quel est le pourcentage de sérieux que vous mettez, généralement, dans votre vie ?

En quoi votre existence serait-elle différente, si vous la preniez avec :
— 1 % de sérieux en plus ?
— 1 % en moins ?
— 10 % en plus ?
— 10 % en moins ?

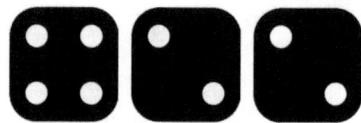

Vous êtes, de nouveau, face au Sphinx en plein désert et vous le questionnez sur la meilleure route à suivre. Il vous indique, alors, deux voies qui partent derrière lui : d'un côté votre bonheur à vous, de l'autre celui de vos parents ou de vos enfants. Qu'allez-vous choisir :

— Le chemin de la culpabilité et de votre sacrifice pour qu'ils ne souffrent pas ?

— Ou le chemin de la viEolence et de leur sacrifice pour ne pas souffrir vous-même ?

— De lui poser une autre question ?

— De rebrousser chemin ?

— De rester planté là, en attendant que ça passe ?

À quel point êtes-vous prêt à souffrir pour qu'ils soient un peu moins malheureux ?

À quel point supporterez-vous qu'ils souffrent pour que votre propre souffrance diminue ?

La recherche en biologie vient de découvrir le code secret du vieillissement et de la mort, programmés au cœur même de chacune de vos cellules. Il serait assez facile de désactiver le gène correspondant et de vivre aussi vieux que Mathusalem, mais, le seul hic, c'est que c'est le même gène qui est responsable du désir en général et du désir sexuel en particulier.

Dès lors, allez-vous demander que l'on change votre programmation biologique ?

Vous venez de finir d'écrire le livre qui retrace votre vie.

Quel titre allez-vous lui donner ?

À qui le dédicacerez-vous ?

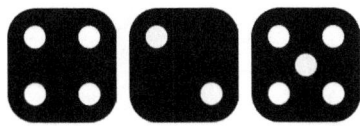

Les scientifiques viennent d'inventer la vraie « pilule du bonheur », non pas celle qui guérirait vos petites déprimes, mais celle qui peut vous apporter toutes les satisfactions désirées. Une couleur différente pour chaque type de plaisir.

Entre la satisfaction apportée par la pilule et celle obtenue par l'effort de vos expériences, qu'allez-vous choisir ?

Quand vous étiez bébé, comme tout le monde, vous faisiez vos besoins naturellement dans vos couches, sur vous-même ou à même le sol.
Selon vous :
— Était-ce bien ?
— Était-ce mal ?

La Chance, déguisée en fourmi croisant votre chemin, vous propose de disposer jusqu'à la fin de votre vie d'une heure de plus par jour ; vos journées feront désormais 25 heures au lieu de 24. Seule obligation : vous ne pouvez utiliser cette heure-là que pour vous-même et seulement le matin juste après votre réveil et avant vos activités habituelles.

Qu'allez-vous en faire ?

Vous travaillez dans une entreprise dont les affaires prospèrent et l'on vous propose, donc, une promotion très valorisante avec de nouvelles responsabilités et une augmentation de salaire en conséquence. Content de vous, vous ne résistez pas, après votre journée de travail, à vous arrêter à une terrasse de café pour fêter l'événement. Vous buvez un coup à votre santé et en profitez pour lire nonchalamment le journal. En pages « économie », vous découvrez, avec une certaine surprise, les raisons du succès de votre entreprise : la production à très bas prix dans un pays sous-développé en utilisant la main-d'œuvre d'enfants très jeunes, et le tout dans des conditions humaines et sociales que vous ne pouvez vous empêcher de trouver désastreuses. Vous rentrez chez vous avec une boule à l'estomac et restez toute la soirée à ruminer.

Qu'allez-vous faire :
— Démissionner, parce que vous avez une certaine éthique ?
— Accepter, parce que le monde est ainsi et qu'il n'y a pas grand-chose à faire ?

— Garder votre place et agir en parallèle pour aider indirectement ces enfants qui vivent dans la misère ?

— Consulter votre médecin pour qu'il vous prescrive des tranquillisants ?

— Vous mettre à boire ?

— Vous mettre en maladie ?

— Arrêter de lire le journal ?

— ...

Quelle est, pour vous, la meilleure façon de conduire le véhicule de votre choix :
— Regarder tout le temps en arrière dans le rétroviseur ?
— Prêter une attention constante à ce qui se passe dans le véhicule ?
— Surveiller sans relâche la route devant ?
— Ni l'un ni l'autre ?
— Les trois à la fois ?

Quelle est, pour vous, la meilleure façon de conduire votre vie :
— Vivre dans le passé ?
— Vivre dans le présent ?
— Vivre dans l'avenir ?
— Ni l'un ni l'autre ?
— Les trois à la fois ?

Votre système immunitaire est-il égoïste ? ou altruiste ?
— Et vos poumons ?
— Votre estomac ?
— Votre foie ?
— Vos reins ?
— Votre cœur ?
— Votre cerveau ?

Combien de temps pouvez-vous rester en silence, les yeux dans les yeux, avec cette personne aimée, sans vous lasser ?

Qui craquera en premier, selon vous ?

Pourquoi ?

Les progrès de la médecine et de la recherche en biologie viennent de permettre de rallonger la vie sur Terre, en la multipliant, grosso modo, par deux, donnant ainsi une espérance de vie moyenne de 200 ans à tout nouveau-né des pays développés (hélas, pour les autres, cela n'a guère changé).

Selon vous :

— Quel devrait être maintenant l'âge de la majorité pour les jeunes ?

— Quel devrait être l'âge du départ en retraite ?

Et en quoi votre vie et celle de vos concitoyens seraient-elles différentes, si vos choix étaient appliqués ?

Quels sont vos secrets d'aujourd'hui dont absolument personne n'est au courant ?

Parmi ces secrets, quels sont ceux que vous aimeriez partager (même si cela vous paraît difficile pour l'instant), et ceux que vous aimeriez garder dans l'ombre ?

Quelles seraient les conditions requises pour dévoiler ces secrets ? À qui ?

Et quels avantages en attendez-vous ?

À l'opposé, quels inconvénients redoutez-vous au dévoilement des secrets que vous préférez garder cachés ?

Pourquoi, au fond, prenez-vous des photos ?

Que se passerait-il si vous brûliez toutes les photos actuellement en votre possession (celles de vous-même y compris) ?

Qu'y gagneriez-vous ?

Qu'y perdriez-vous ?

La personne de votre entourage que vous aimez le plus au monde va mourir. Il vous reste une dernière occasion de lui communiquer tout ce que vous avez sur le cœur avant son départ.

Qu'allez-vous lui dire ?

Et cela changerait quoi, si vous lui disiez maintenant, sans attendre la fin ?

De ces deux risques, quel est celui qui vous paraît, aujourd'hui, le plus risqué, dans cette situation qui vous préoccupe plus particulièrement :
— Prendre le risque ?
— Ou prendre le risque de ne pas prendre le risque ?

En Inde, on peut voir certains éléphants attachés et retenus chez leurs maîtres par une simple petite cordelette fixée au pied, que même un enfant pourrait casser. Comment se fait-il qu'ils se sentent prisonniers alors qu'il leur suffirait d'un léger mouvement de patte pour être libres ? En fait, ces animaux ont été conditionnés et sont, en quelque sorte, hypnotisés. Au début, on les attache avec des grosses chaînes qu'ils essaient de briser en vain. Puis, plus le temps passe, plus on diminue la grosseur de la chaîne jusqu'à une simple cordelette. C'est simplement l'expérience de la grosse chaîne de départ qui les empêche de se libérer.

Et vous, quelles pourraient être les cordelettes qui vous retiennent aujourd'hui prisonnier ? Et quelles sont les grosses chaînes (en or ou rouillées) dont elles portent la mémoire ?

En quoi votre vie serait-elle différente aujourd'hui si, au départ, vous aviez demandé personnellement à vivre ?

Comment savez-vous, avec certitude, qu'en ce moment même vous n'êtes pas en train de rêver que vous êtes, justement, en train de lire ces lignes ?

Si c'était possible, seriez-vous prêt à vivre vos funérailles (sans mourir, évidemment) juste pour voir la réaction de vos proches ?

Et si vous deviez mourir demain, comment réagiraient vos proches, selon vous ?
Qui serait le plus affecté ?
Qui, le moins ?
Qui se réjouirait de cet événement ?

Et si, par un tour de passe-passe, vous pouviez assister vous-même à votre propre enterrement, comment réagiriez-vous ?
Quelle serait, pour l'occasion, votre oraison funèbre ?

Pensez à une personne vivante de votre entourage dont vous n'enviez pas du tout l'existence qu'elle mène, bien que cette personne semble la vivre plutôt bien.

Quel est son secret pour apprécier une vie qui vous paraît, à vous, insupportable ?

Imaginez maintenant l'inverse : une autre personne ne vous enviant pas du tout et qui se demande comment vous faites pour supporter votre vie.

Quel est votre secret ?

Vous êtes un extra-terrestre pacifique visitant de manière invisible et anonyme notre Terre pour rapporter sur votre planète des spécimens de notre façon de vivre. Pour ce voyage, vous avez décidé de faire un tour dans les musées et de vous intéresser à la peinture.

Qu'allez-vous choisir comme représentation la plus belle de notre espèce :

— Une peinture faite par nos lointains ancêtres qui vivaient dans les grottes ?

— Une peinture figurative d'il y a quelques siècles ?

— Ou une peinture abstraite contemporaine ?

Et si vous étiez un chimpanzé, laquelle des trois vous paraîtrait la plus belle ?

Et dans la peau d'un enfant de deux ans ?

Combien de fois parlez-vous pour masquer votre peur du silence ?

Combien de choses utilisez-vous pour masquer votre vide intérieur ?

Combien de relations avez-vous pour masquer votre peur de la solitude ?

Combien de projets entreprenez-vous pour masquer votre peur de la mort ?

    La recherche en sciences humaines a permis d'ouvrir le premier centre mondial permettant d'élever les enfants de façon la plus optimale possible. Des experts de tous bords, du maternage à l'enseignement, les prennent en charge, nuit et jour, de la naissance à leur majorité. Et c'est de ce centre d'éducation que sortiront 90 % des élites mondiales.

    Allez-vous leur confier votre prochain enfant ?

    Ou préférerez-vous l'élever à votre façon ?

Que préférez-vous être, en priorité :
— L'original en noir et blanc ?
— Ou la photocopie en couleurs ?

Dans la vie, il y a grosso modo deux façons de tracer sa route : à la façon de l'escargot qui laisse une marque de son passage, ou à la manière de l'oiseau qui traverse le ciel sans laisser de trace.

Êtes-vous plutôt escargot ou oiseau ?

Et si vous êtes plutôt escargot, dans quel but voulez-vous laisser votre marque :
— Pour retrouver votre route, au cas où vous vous perdiez ?
— Pour permettre à ceux qui vous suivent de trouver leur route ?
— Pour ajouter, vous aussi, votre modeste pierre à l'édifice de l'Humanité ?
— Pour avoir l'impression d'être encore là quand vous serez parti ?
— ...

Une personne de votre famille dont vous êtes très proche, accablée par la vieillesse et la maladie, vous annonce secrètement qu'elle va mettre fin à ses jours pour arrêter ses souffrances.

Qu'allez-vous faire :
— L'en dissuader ?
— L'encourager ?
— Engager le dialogue et l'inciter éventuellement à se faire aider par une personne compétente ?
— Rien de spécial ?

Et quel serait votre choix, si vous étiez assailli par les mêmes difficultés ?

À partir de demain, l'argent (papier, comptable) sera totalement supprimé sur la Terre entière et les achats se feront désormais avec des créations personnelles (dessins, textes, chansons, petits objets manuels…).

Quelle sera, désormais, votre nouvelle monnaie d'échange ?

Un grand sorcier, dont vous connaissez la renommée et les résultats positifs, vous propose, contre menue monnaie, un philtre d'amour qui a largement prouvé son efficacité. Vous pourrez l'appliquer sur la personne que vous convoitez et qui vous échappe pour l'instant. Une fois ensorcelée, votre proie tombera amoureuse de vous et le restera, malgré elle, jusqu'à la fin de ses jours.

Allez-vous utiliser ce subterfuge ?

Le Destin, déguisé en personne âgée vous demandant son chemin, se dévoile et vous explique qu'en abrégeant votre vie d'un jour vous sauvez un enfant qui, sans votre intervention, va mourir de faim.
Combien d'enfants voulez-vous sauver ?

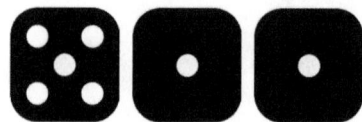

Quel est le maximum de temps d'affilée que vous pouvez rester sans absolument aucune question en tête (même anodine) ?

Et quelle serait votre vie, si plus aucune question ne surgissait dans votre esprit ?

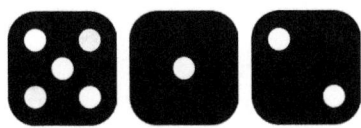

Le Hasard vous apparaît un beau matin dans votre miroir et vous annonce que vous avez gagné le droit de parler pendant dix minutes devant les télévisions du monde entier où vous serez écouté par des millions de personnes.

Qu'allez-vous leur dire ?

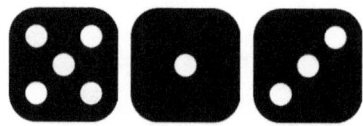

Avez-vous remarqué que, dans tous les lieux publics où le choix est possible, une très grande majorité de personnes prennent l'ascenseur ou l'escalator plutôt que l'escalier ?

Et vous, où se porte généralement votre choix ?

Qui est responsable de votre ascension quand vous prenez l'ascenseur ou l'escalator ?

Qui est responsable de votre ascension quand vous prenez l'escalier ?

Et dans votre vie, plus particulièrement :
— Est-ce vous qui faites bouger les événements ?
— Ou est-ce les événements qui vous font bouger ?

    Quelle est la dernière fois où vous avez mangé parce que vous aviez biologiquement faim ?

    Quelle différence avec vos sensations de faim habituelles ?

Comment réagiriez-vous si, tout d'un coup, le monde entier, sans exception, vous manifestait une considération et un amour sans failles ?

Reprenez le cours de toutes ces années depuis votre naissance, et imaginez un instant une vie où personne n'aurait jamais mis des bâtons dans les roues de vos envies et désirs. Par exemple, si vous n'aviez pas eu envie d'aller à l'école ou au travail, vous n'y seriez pas allé, idem pour le dentiste et autres moments pénibles. À l'opposé, si vous aviez voulu jouer jusqu'à quatre heures du matin vous l'auriez fait, de même que manger sept fois de la tarte au chocolat et ainsi de suite…

Que seriez-vous aujourd'hui, si vous n'aviez jamais rencontré de contraintes plus fortes que vos désirs ?

Le Hasard, qui décidément ne veut pas vous lâcher, vous propose d'augmenter, du pourcentage désiré, votre beauté et jeunesse contre la diminution, en proportion équivalente, de votre intelligence (ou l'inverse).

Quel pourcentage échangez-vous, et dans quel sens ?

Qui est, prioritairement, responsable de votre bonheur, aujourd'hui :
— Vous-même ?
— Le Destin ?
— Votre passé ?
— Le Hasard ?
— Les autres ?
— La société ?
— Vos gènes ?
— La Chance ?
— Dieu ?
— Votre psy ?
— Votre configuration astrale ?
— Rien ni personne ?
— ...

C'est l'histoire du chevalier Armure qui, bien des années après la fin de la bataille, continuait à porter son armure malgré la fin des hostilités. Tout le monde se moquait de lui en voyant son comportement étrange, mais personne ne comprenait apparemment son problème. Plus les uns et les autres tentaient de convaincre notre pauvre chevalier de l'incohérence de son attitude et de la sagesse de quitter cette protection qui ne lui servait plus à rien, et plus notre homme s'entêtait dans sa conduite. Certes, il étouffait de l'intérieur, mais pas question de la lui faire enlever, l'angoisse du danger qui pourrait le détruire empêchant tout raisonnement logique de l'atteindre.

Si vous viviez au temps de ce malheureux chevalier, comment pourriez-vous l'aider ?

Et vous, où sont vos armures actuelles ?
À quoi vous servent-elles aujourd'hui ?
De quoi vous ont-elles protégé dans le passé ?

Vous vivez une époque où le vieux rêve de l'instauration du paradis sur Terre s'est enfin réalisé : la planète est devenue un seul pays avec un gouvernement mondial, une langue commune, une même religion universelle, avec pour toile de fond une harmonie entre les humains qui ont, enfin, fini par faire la paix. Tout va donc pour le mieux dans le meilleur des mondes, jusqu'au jour où les choses ont commencé imperceptiblement à changer. Le petit grain dans la machine fut l'arrivée des premiers extra-terrestres. On découvrit, très rapidement, qu'ils étaient pacifistes et venaient d'une civilisation lointaine, mais, surtout, que leurs connaissances et leurs façons de vivre étaient, de très loin, supérieures aux nôtres. Et ce qui devait arriver arriva, c'est-à-dire que leur planète est devenue le centre du Monde, nous reléguant, de fait, dans la banlieue du cosmos.

Comment allez-vous régir à ce changement fondamental de vos repères existentiels :

— Vous refermer sur votre culture d'origine ?

— Adopter rapidement ces nouvelles coutumes, et, pourquoi pas, quitter votre Terre natale ?

— Faire un mélange des deux ?

— Vous engager dans l'armée secrète « Arma Terra » qui vise à détruire l'envahisseur et rétablir l'Âge d'Or terrien ?
— ...

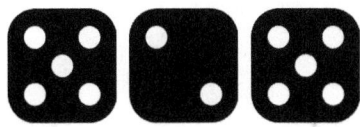

Imaginez que votre système immunitaire, garant de la santé et de l'identité de votre corps, se convertisse, tout d'un coup, à la non-viEolence, et décide de laisser rentrer tous les corps étrangers sans les tuer.

Que se passerait-il, alors, pour vous ?

Qu'est-ce qui vous sécurise le plus :
— La photo de quelqu'un ?
— Ou cette même personne en chair et en os ?

À quoi tenez-vous le plus :
— À votre image ?
— Ou à vous-même ?

Et comment réagissez-vous lorsqu'on plante une aiguille sur votre photo (c'est-à-dire qu'on vous renvoie une image de vous qui ne vous plaît pas) ?

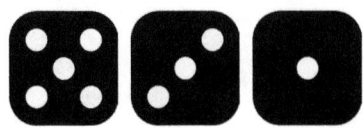

Si vous étiez une partie de votre corps, laquelle seriez-vous :
— Votre cœur ?
— Votre tête ?
— Votre estomac ?
— Votre poitrine ?
— Vos cheveux ?
— Vos poumons ?
— Votre sexe ?
— Vos yeux ?
— Vos oreilles ?
— Vos pieds ?
— Vos mains ?
— Votre bouche ?
— ...

Sans trop savoir ni pourquoi ni comment, vous vous réveillez un beau matin dans la peau d'un micro-organisme vivant, invisible à l'œil nu et dont les questions fondamentales sont à-peu-près les mêmes que celles que vous aviez auparavant : trouver de l'énergie pour faire fonctionner et réparer votre organisme, vous protéger des dangers, vous reproduire pour surmonter la mort. Une fois votre surprise passée, vous arrivez, assez facilement, à assurer votre survie en colonisant un autre organisme vivant et en vous nourrissant de ses cellules. Les choses vont tant bien que mal, jusqu'au jour où une armée étrangère de cellules tueuses, aidée par des armes chimiques inconnues de vous, entrent en scène avec l'intention manifeste de vous détruire, vous et votre nombreuse famille. Vous ne comprenez pas trop la raison de cette haine soudaine ni pourquoi ils vous traitent de « virus dangereux » ; de toute façon, puisque vous êtes programmé pour cela, vous vous battrez jusqu'à la mort.

Où est le Bien ? Où est le Mal ?

— Chez vous qui colonisez cet organisme pour survivre ?

— Chez votre « hôte » qui vous combat pour survivre ?

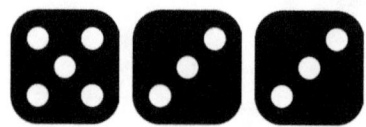

Le désir d'enfant, c'est quoi, fondamentalement, pour vous :
— Un devoir ?
— Un retour à votre enfance ?
— Le sens de la vie ?
— Un accès de faiblesse ?
— Le fruit de l'amour ?
— L'impression de rajeunir ?
— L'oubli de la mort ?
— La sensation d'être indispensable pour quelqu'un ?
— L'occasion de donner enfin un sens à votre vie ?
— Une programmation biologique ?
— Une sécurité affective ?
— L'avenir de l'Humanité ?
— Vivre une autre vie par procuration ?
— Un moyen de moins penser à vous ?
— Du passé ?
— …

Imaginez que l'État vous choisisse comme représentant de M. et Mme Tout-le-monde, et, qu'à ce titre, il vous propose de promulguer une nouvelle loi, celle qui vous plaira.
Qu'allez-vous proposer ?

Et d'après vous, quelles pourraient être les critiques et réticences que cette loi risque de rencontrer ?
Quels seront les arguments de cette opposition ?
Quels seront les vôtres pour défendre votre projet ?

Quelles sont les personnes qui seront avantagées par l'application de votre nouvelle loi ?
Quelles sont celles qui seront désavantagées ?
Et vous personnellement, que vous apportera-t-elle ?

Sur l'échelle de l'amour de vous-même, si 10 représente le jour à venir où vous vous aimerez comme vous le souhaitez au mieux, et 1 le moment passé où l'amour de vous-même était au plus bas, où en êtes-vous, aujourd'hui, sur ce parcours ?

Quels seront les signes concrets, les changements dans votre vie, qui vous feront dire que vous avez gravi un échelon ?

Et que pouvez-vous faire, dès maintenant, pour aller dans ce sens ?

Cette expérience a été faite il y a pas mal d'années déjà. On a filmé une ville moderne sans ses habitants, et l'on a projeté le tout devant des personnes n'ayant jamais eu de contacts avec la civilisation. Les ethnologues leur ont, alors, demandé ce qu'ils avaient pu reconnaître à l'écran. La seule réponse fut un animal, qui traversait, en effet, l'écran furtivement. Le reste, qui ne faisait pas partie de leur culture (les voitures, les immeubles, les poubelles…), ils ne le voyaient pas. Ils distinguaient bien des taches de couleur, mais cela ne signifiait rien pour eux.

Dans le même ordre d'idée, avez-vous déjà fait l'expérience d'être face à une personne qui semble aveugle à une partie de son comportement ou de sa personnalité, alors que cela se voit, pour vous, comme le nez au milieu de la figure ?

Et maintenant, pensez-vous que l'inverse puisse se produire, c'est-à-dire que vous-même soyez aveugle, actuellement, à certaines choses vous concernant et que les autres voient ?

Seriez-vous prêt à questionner vos proches à ce sujet ?

Face à la naissance, sous peu, de votre nouvel enfant, vous décidez de consulter un célèbre devin descendant directement de celui qui avait prophétisé l'avenir funeste d'Œdipe. Le voyant (forcément aveugle, comme son illustre prédécesseur), qui a déjà grandement prouvé l'efficacité de ses prédictions, vous annonce que votre enfant sera très célèbre, mais qu'il laissera pas mal de cadavres sur son passage, ce qui ne l'empêchera pas d'être heureux, bien au contraire…
Qu'allez-vous faire :
— Garder l'enfant ?
— Ou décider d'un avortement ?

Vous avez la possibilité de rencontrer Dieu, pour L'interroger.

Quelle question principale aimeriez-vous Lui poser ?

Et maintenant, si vous pouviez vous mettre à Sa place, quelle réponse donneriez-vous à votre question ?

En quoi votre vie sera-t-elle différente, selon vous, avec cette réponse en main ?

Si vous deviez écrire une lettre d'adieu à votre enfance, qu'écririez-vous ?
Et où l'enterreriez-vous ?

En fouillant dans une vieille malle poussiéreuse du grenier, vous découvrez un ancien manuscrit écrit par un de vos arrière-arrière-grands-parents. C'est un roman que vous trouvez absolument génial et qui, selon vous, ferait aujourd'hui un grand best-seller. Après enquête discrète, vous apprenez que personne dans votre famille n'est au courant de cet ouvrage et qu'il n'a jamais été rendu public.

Qu'allez-vous faire :

— Le proposer à l'édition, tel quel ?

— Le proposer à l'édition en mettant votre nom ?

— Le mettre en accès gratuit dans Internet ?

— Le laisser dans votre malle ?

— Le brûler et disperser les cendres au-dessus de la tombe de votre ancêtre ?

— L'enterrer en secret, dans l'espoir qu'on le découvre dans mille ans ?

— …

Que vous est-il le plus facile de désirer, habituellement :
— Ce que vous avez ? Ou ce qui vous manque ?
— Ce qui vous échappe un peu ? Ou ce que vous maîtrisez totalement ?
— Ce qui vous est mystérieux ? Ou ce qui vous est totalement transparent ?

Êtes-vous capable de rire à propos de la mort ? De votre mort ?

On vous donne le pouvoir de supprimer, à jamais, un seul mot du dictionnaire qui ne sera plus jamais utilisé par personne à l'avenir, ni dans aucune langue.
Lequel choisissez-vous d'enlever ?

Et quels changements en attendez-vous, dans votre vie ?
Dans celle des autres ?
Dans le cours de l'Histoire ?

Pourquoi faites-vous le choix, fondamentalement, de ne pas tuer quelqu'un :
— Parce que c'est interdit par votre morale ou religion ?
— Pour ne pas finir en prison ?
— Pour ne pas avoir un poids sur la conscience ?
— Pour ne pas faire de la peine aux gens que vous aimez ?
— Parce que « ce n'est pas bien » ?
— Parce que « ça ne se fait pas » ?
— Parce que vous n'osez pas ?
— Pour ne pas ôter la vie ?
— Parce que vous ne voulez pas qu'on vous le fasse à vous ?
— Parce que si tout le monde faisait pareil ce serait l'anarchie et le chaos ?
— Parce que vous ne vous êtes jamais posé la question ?
— …

Quelle est la dernière fois où, en ouvrant les yeux après une journée tout à fait normale et une bonne nuit de sommeil, vous avez pensé, très simplement, que vous aviez décidément beaucoup de chance d'être toujours en vie ce matin ?

En quoi cette journée était-elle différente des autres ?

Votre esprit, c'est quoi, au fond, pour vous :
— Votre partie divine ?
— Vous-même ?
— Le centre de vos désirs ?
— Votre partie adulte et civilisée ?
— Un autre mot pour désigner votre corps ?
— La Vie ?
— Le siège de vos pensées et des soucis qui vont avec ?
— Votre software ?
— L'hydrogène ?
— Votre âme ?
— Le garant de votre identité psychologique ?
— Votre miroir intérieur ?
— Une illusion ?
— Des mécanismes biochimiques ?
— Le siège de votre conscience ?
— L'ennemi de votre corps ?
— …

Combien de temps êtes-vous capable de rester en silence face à quelqu'un que vous appréciez et qui vient vous confier ses soucis ?

Et si vous ne pouvez pas vous empêcher de lui donner des réponses, des conseils ou de parler d'autre chose pour lui changer les idées, quelle est votre véritable intention :

— L'aider à ne plus souffrir ?

— Ou vous aider à cacher votre malaise de le voir dans cet état ?

Qu'avez-vous désappris depuis que vous avez commencé ce livre ?

Qu'est-ce qui est le plus en votre pouvoir, aujourd'hui :
— Changer le monde ?
— Changer votre regard sur le monde ?
— Changer les autres ?
— Changer votre regard sur les autres ?
— Vous changer vous ?
— Changer votre regard sur vous-même ?

Dans une semaine normale, combien de fois, en moyenne, aimez-vous :
— Par amour pour vous-même ?
— Par amour filial ?
— Par amour parental ?
— Par amour conjugal ?
— Par amour pour vos amis ?
— Par amour spirituel ?
— Par amour pour la Nature ?
— Par amour pour la Vie ?
— Par amour pour l'Humanité ?
— Par amour pour des idées (la Vérité, le Bien, la Justice, la Liberté…) ?

En combien de dimensions aimez-vous ?

Les avancées de la science permettent désormais, grâce à une opération bénigne, de vous faire greffer des implants électroniques dans votre cerveau qui vous donneront une capacité de mémoire et de calcul dix fois supérieure à celle qui était la vôtre jusqu'à ce jour, sans parler de la possibilité de communiquer directement par la pensée avec tous les appareils électroniques et avec vos semblables.

Faites-vous le pas ?

Et en quoi votre vie sera-t-elle différente avec ce plus ?

Parmi ces différents types de viEolence, quelle est, pour vous, la plus viEolente :
— Tuer quelqu'un ?
— Frapper quelqu'un ?
— Insulter quelqu'un ?
— Tromper quelqu'un ?
— Ignorer quelqu'un ?
— Refuser de vivre votre vie ?
— Refuser la viEolence inhérente à la vie ?
— Refuser de transmettre la vie ?
— Rendre l'autre responsable de votre souffrance ?
— Rendre l'autre responsable de votre bonheur ?
— Faire croire à cette personne aimée qu'elle vous a fait du bien ?
— Manipuler affectivement l'autre pour l'amener à vos fins ?
— Donner tout à l'autre pour qu'il se sente en dette envers vous ?
— Étouffer l'autre d'amour pour qu'il ne puisse rien désirer en dehors de vous ?
— Amener l'autre à nier sa réalité pour qu'il ressemble à l'image que vous avez de lui ?...

« Faire de sa vie une œuvre d'art », voilà un beau programme ; le tout est de savoir quelle approche vous allez utiliser : celle de la peinture ? ou celle de la sculpture ?

Dans la peinture vous partirez de rien (ou presque), pour rajouter de la matière à mesure. La sculpture supposera la démarche opposée : toute la matière étant déjà là, il vous faudra essentiellement enlever ce qui est en trop.

Alors, que préférez-vous :
— Sculpter votre vie ?
— Ou la peindre ?

Sur les traces d'Ulysse, vous devez, maintenant, traverser le terrible détroit de Charybde et Scylla. À droite vous risquez d'être déchiré par les mille visages des autres et du monde extérieur. À gauche vous risquez d'être aspiré par le gouffre sans fond de la solitude et de l'intériorité.

Alors, comment allez-vous traverser :
— En passant par la droite ?
— Par la gauche ?
— Entre les deux, comme un funambule marchant sur un fil au-dessus du vide ?
— Allez-vous rester planté là ?
— À moins que vous ne rebroussiez chemin et alliez trouver le Sphinx pour lui poser la question ?

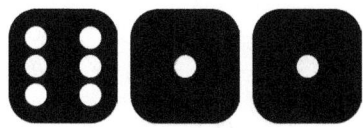

Quelle est la question centrale actuelle de votre vie ?

Si vous deviez la résumer en une phrase, quel en serait le mot-clé ?

En reformulant la même question sans ce terme central, quel serait le nouveau mot-clé ?

Et pouvez-vous continuer ce manège jusqu'à ce que vous soyez à court d'inspiration ?

Et finalement, qu'est devenue votre question au bout de tout ce cheminement ?

Est-elle toujours la même ?

A-t-elle évolué ?

Cherchant les responsables de vos difficultés dans la vie, vous décidez d'en parler à vos parents. Ces derniers ne nient pas les manques et autres imperfections de leur conduite, mais en renvoient la responsabilité à vos grands-parents, sans qui ils n'auraient pas été ce qu'ils ont été, et à cause desquels ils vous ont éduqué comme ils l'ont fait. Reprenant votre bâton de pèlerin, vous faites la même demande à ces grands-parents qui, eux aussi, refilent le bébé de la responsabilité à vos arrière-grands-parents qui n'ont pas été, non plus, des parents modèles, selon eux. Comme les choses commencent à se compliquer un peu, vous décidez alors d'employer les grands moyens en utilisant, une dernière fois, la machine à voyager dans le temps. De génération en génération, les mêmes réponses vous ramènent peu à peu aux premiers parents de toute l'Humanité, il y a quelques millions d'années. Passé la première émotion, vous les questionnez et leur réponse ne vous étonne guère : eux aussi ont eu des parents, et pas des plus parfaits ; s'ils avaient été meilleurs, sûrement que la face du Monde en aurait été changée... Vous continuez alors votre voyage aux origines de votre généalogie et croisez le premier poisson qui a quitté l'océan pour se risquer sur la terre ferme. « Ah ! vous dit ce dernier, si mes parents avaient été plus aimants… » Et de loin en loin, vous vous retrouvez ainsi quelques milliards d'années avant votre naissance, le jour de l'apparition de la vie sur Terre. Vous questionnez la première cellule qui se dit innocente de toute cette histoire ; pour elle, tout vient de cette météorite tombée peu auparavant sur la planète et contenant les premières briques de la vie. Vous quittez alors la planète bleue et continuez votre voyage dans l'espace intersidéral remontant jusqu'aux origines de l'Univers une dizaine de milliards d'années auparavant. Vous sentez que vous touchez au but de votre voyage, quand un gigantesque trou noir vous barre la route. Vous êtes alors obligé de revenir sur vos pas pour ne pas disparaître dans le néant infini.

Vous finissez juste de vous remettre de vos émotions, après votre retour parmi nous, quand votre enfant vient vous faire le reproche que ses difficultés dans la vie sont liées à vos problèmes et vos incompétences.

Qu'allez-vous lui répondre ?

Prenez un instant conscience du lieu où vous lisez actuellement ces lignes, et observez l'air qui vous entoure. Cet air vous donne la vie et, en même temps, vous donne la mort car c'est lui, aussi, qui est responsable de l'oxydation et donc du vieillissement de vos cellules.

Dès lors, qu'allez-vous faire :

— Respirer le moins possible et vivre au ralenti, pour minimiser les effets toxiques de l'oxygène, au risque de mourir à petit feu ?

— Respirer le plus d'air possible, en vous disant que si vous augmentez les risques, votre vie à pleins poumons augmentera, de pair, la production de vos moyens de défense ?

Vous êtes président du pays le plus puissant du monde et, à ce titre, vous avez la possibilité d'utiliser l'arme atomique. Après avoir consulté le plus célèbre devin du moment, dont vous avez pu vérifier, par le passé, l'exactitude des prédictions, ce dernier vous apprend qui si l'Humanité actuelle était détruite en totalité (lui et vous y compris), une nouvelle race d'êtres humains verrait le jour qui instaurerait, enfin, le Paradis sur Terre et dans le reste de l'Univers.

Qu'allez-vous faire ?

Dans le film de votre existence, qu'êtes-vous, en priorité :
— Acteur ?
— Spectateur ?
— Réalisateur ?
— Auteur ?

Et dans le scénario actuel de votre vie, quels ingrédients devriez-vous changer pour passer du statut de figurant ou second rôle à celui d'héroïne ou de héros ?

Pensez à votre plat, mets ou dessert favori.
Au bout de combien de fois d'affilée le plaisir de le manger se changera-t-il, pour vous, en déplaisir :
— 2 fois ?
— 3 ?
— 10 ?
— 20 ?
— 100 ?
— 1000 ?
— Encore plus ?...

Pensez maintenant à votre rapport sexuel (réel ou imaginaire) le plus réussi.
Au bout de combien de fois d'affilée le plaisir se changera-t-il, pour vous, en déplaisir :
— 2 fois ?
— 3 ?
— 10 ?
— 20 ?
— 100 ?
— 1000 ?
— Encore plus ?...

Quelle serait votre vie, aujourd'hui, si toutes vos prédictions passées s'étaient accomplies ?

Vous connaissez, bien sûr, les problèmes de l'huile et de l'eau qui, quoi que l'on fasse, se mélangent assez mal. Mettez-vous à leur place, et demandez-vous qu'est-ce qui fait problème :
— L'huile ?
— L'eau ?
— Leur relation ?

Et dans cette liaison qui vous préoccupe plus présentement, qu'est-ce qui fait problème :
— L'autre ?
— Vous ?
— La relation ?

 Sur quoi pouvez-vous vous appuyer pour être sûr, en ce moment même où vous lisez ces lignes, que vous êtes bien en vie ?

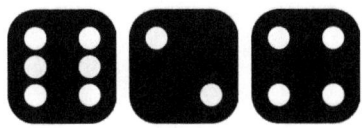

Seriez-vous prêt à rester avec la personne que vous aimez, si celle-ci devenait :
— Défigurée ?
— Paraplégique ?
— Folle ?

Et si vous restez, quelle serait votre motivation profonde :
— La culpabilité ?
— La pitié ?
— Le sacrifice ?
— La tradition ?
— La peur ?
— La faiblesse ?
— L'amour à toute épreuve ?
— ...

À trop avoir la tête en l'air, pour atteindre les cieux ou ne pas vous prendre une tuile sur la tête, vous pouvez tomber dans un trou. Et à trop regarder où vous mettez les pieds, pour trouver un billet perdu ou ne pas marcher sur une peau de banane, vous risquez de vous cogner contre un poteau ou un passant.

Alors, comment pouvez-vous faire pour avoir, à la fois, la tête dans les nuages et les pieds au ras des pâquerettes ?

Grâce aux progrès prodigieux de la robotique et de l'automatisation du travail, le gouvernement va instaurer, à partir de demain, le Revenu Minimum d'Existence (correspondant grosso modo à votre revenu actuel) pour tous et sans conditions. Le travail, comme le service militaire dans certains pays, deviendra, dès lors, une démarche volontaire.

Qu'allez-vous faire personnellement, si vous êtes encore en situation d'exercer une profession ?

Et que pensez-vous de l'application de cette nouvelle loi pour les générations futures ?

Imaginez que vous rembobinez le film de votre vie jusqu'à l'origine en modifiant juste une lettre au générique (un X en échange d'un Y) avant de relancer l'histoire.

En quoi votre personnalité serait-elle différente aujourd'hui (hormis l'apparence physique), si vous étiez né du sexe opposé ?

Si, depuis votre naissance, vous n'aviez jamais pu voir votre image dans un miroir, une surface réfléchissante ou une photo, diriez-vous que vous êtes une personne :
— Belle ?
— Laide ?

Et d'après quoi le diriez-vous :
— Votre ressenti ?
— Ou le discours des autres sur vous ?

Et si vous aviez été aveugle dès la naissance ?

Quel moyen privilégié utilisez-vous, habituellement, pour vous vider la tête et ne plus penser ?

Quelle est la dernière fois où, marchant en pleine ville un jour de grande affluence, vous vous êtes surpris à lever la tête en l'air, sans raison particulière, juste pour regarder le ciel ?

C'est l'histoire de jumeaux absolument identiques, à l'exception d'une chose, toutefois : le premier allait plus vite que le second. Il est né une seconde avant l'autre. Il a marché deux mois plus tôt. Il a appris à parler le premier et est entré à l'école avec un d'avance sur son jumeau. Il s'est marié et a eu des enfants alors que l'autre vivait encore chez ses parents et n'avait toujours pas fini ses études. Et ainsi de suite, avec, le temps passant, un écart de plus en plus grand entre les deux. En bout de course, le rapide a naturellement fini le premier en mourant vingt ans avant l'autre.

Lequel des deux jumeaux êtes-vous ?

Et si vous êtes plutôt le premier, pourquoi courez-vous si vite ?

Vers quoi ?

Comment saurez-vous que vous avez rencontré l'Absolu ?

Dans certaines entreprises est programmée quotidiennement « la minute de la haine », pendant laquelle les salariés sont invités à exprimer librement leur colère face à la photo de leur responsable.

Et vous-même, pourriez-vous faire la même chose avec la photo des personnes à l'égard de qui vous avez l'impression d'avoir encore quelques griefs ?

Seriez-vous prêt à aller jusqu'à déchirer leur photo ?

Cela vous ferait quoi ?

Pensez un instant à un grand fleuve. Voyez-en la source. Suivez ses méandres, de colline en vallée, sur des kilomètres et des kilomètres, et, enfin, regardez-le se jeter dans l'océan.
D'après vous :
— Où finit le fleuve ?
— Où commence l'océan ?

Pensez maintenant à votre corps, et parcourez-en toutes les parties, en partant des doigts de pied jusqu'à la pointe des cheveux.
Selon vous :
— Où finit votre cou ?
— Où commence votre tête ?
— Où finit votre corps ?
— Où commence votre esprit ?

Où a commencé votre vie ?
Où a fini celle des cellules de vos parents biologiques ?

L'eau, cet élément indispensable à votre vie, est composée, comme vous le savez, du mélange de l'oxygène et de l'hydrogène.

Quelles sont les propriétés de l'eau, selon vous, qui ne se retrouvent pas dans ses deux composants ?

Pourriez-vous, ainsi, vous contenter de boire l'un ou l'autre ?

Et, en assimilant votre corps à l'oxygène et votre esprit à l'hydrogène, comment pourriez-vous faire pour être l'eau ?

Comment votre corps peut-il devenir le garde-fou de votre esprit, et votre esprit le garde-fou de votre corps ?

Imaginez vous retrouver quelques siècles en arrière, vivant à la campagne et obligé de fabriquer vous-même votre pain pour subsister.

Ce pain-là aura-t-il, pour vous, le même goût que celui que vous mangez habituellement ?

Et, dans le même ordre d'idée, quelles sont, parmi toutes les choses auxquelles vous tenez le plus actuellement, celles qui vous sont les plus chères :
— Celles que vous avez obtenues après maints efforts ?
— Ou celles que vous avez eues facilement ?

Quel est, pour vous, aujourd'hui, le goût de l'effort ?

Des extra-terrestres vous kidnappent par une nuit sans lune, sans raison apparente, et vous enferment dans un camp de concentration sur une planète lointaine, en compagnie d'autres humains qui ont subi le même sort. Décidés à mener une guerre prochaine contre la race humaine, ces inconnus d'un autre monde vous traitent bien pire que leurs robots déshumanisés ; les humiliations, les privations de nourriture et les violences gratuites sont votre lot quotidien.

Quel sens, dès lors, allez-vous donner à cette expérience à l'issue incertaine, pour vous en tirer au mieux ?

Pourquoi continuez-vous à faire le choix de la vie plutôt que de la mort :
— Parce que vous aimez la vie ?
— Parce que vous n'aimez pas la mort ?
— Parce qu'on vous aime ?
— Parce que vous ne vous êtes jamais posé la question ?
— Parce que vous êtes croyant ?
— Parce que vous êtes programmé pour cela ?
— Pour faire comme tout le monde ?
— Parce que vous n'avez pas fini tout ce que vous aviez à faire ?
— Parce que c'est plus facile ?
— Parce que vous n'avez pas le choix ?
— …

Vous avez un billet de banque dans votre main, et, à votre grande surprise, un peu comme si ce vulgaire morceau de papier tentait de communiquer avec vous, apparaît alors en lettres rouges l'inscription « qui possède l'autre ? »

Que serez-vous tenté de lui répondre ?

Face à une situation de déception, d'échec ou de danger, quel est votre comportement habituel :
— Le retour en arrière ?
— La politique de l'autruche ?
— La fuite en avant ?
— Ou l'affrontement ?

Qu'auriez-vous à perdre à en changer ?
Qu'auriez-vous à gagner ?

Quel serait pour vous, aujourd'hui, le comportement le plus efficace pour avancer dans la vie ?

Le Destin, qui commence quelque peu à vous pomper l'air, vient vous voir derechef et vous propose un marché : mourir tout de suite et renaître dans 5000 ans pour une nouvelle vie qui durera cinq fois plus que la moyenne actuelle, ou continuer jusqu'au bout sans jamais renaître.

Que choisissez-vous ?

Et de façon générale, que préférez-vous :
— Un bonheur actuel certain, même si vous le savez éphémère ?
— Ou un bonheur plus durable, mais dans un temps futur qui reste incertain ?

À quoi voulez-vous vous adapter :
— À la Nature ?
— À la Société ?
— À votre passé ?
— À vos idées ?
— Aux autres ?
— À votre image ?
— À l'image qu'ont les autres de vous ?
— À votre idée de ne vous adapter à rien ?
— ...

Après la journée de l'inutile, le gouvernement a instauré la journée du ridicule qui aura lieu, cette année, très exactement demain.

Qu'allez-vous faire, personnellement, pour fêter cet événement planétaire ?

Parfois vous êtes éveillé, parfois vous êtes endormi.
Parfois vous êtes seul, parfois vous êtes accompagné.
Parfois vous êtes ici, parfois vous êtes ailleurs, parfois vous êtes entre les deux.
Parfois vous êtes à l'aise, parfois vous êtes mal à l'aise.
Parfois vous êtes en forme, parfois vous êtes fatigué.
Parfois vous êtes proche du but, parfois vous êtes loin du but.
Parfois vous êtes optimiste, parfois vous êtes pessimiste, parfois vous n'êtes ni l'un ni l'autre.
Parfois vous êtes la tête dans les nuages, parfois vous êtes les pieds sur terre.
Parfois vous êtes dans le doute, parfois vous êtes sûr de vous.
Parfois vous êtes jeune, parfois vous êtes mature, parfois vous êtes vieux.
Parfois vous êtes assis, parfois vous êtes couché, parfois vous êtes debout.
Parfois vous êtes en bonne santé, parfois vous êtes malade.

Parfois vous êtes d'humeur joyeuse, parfois vous êtes plutôt triste.

Parfois vous êtes calme, parfois vous êtes en colère.

Parfois vous êtes au passé, parfois vous êtes présent, parfois vous êtes dans l'avenir.

Parfois vous êtes ceci, parfois vous êtes cela…

Alors, au fond, qu'est-ce que vous êtes ?

Vous êtes, une dernière fois, face au Sphinx en plein désert et vous le questionnez sur la meilleure route à suivre. Il vous indique, alors, deux voies qui partent derrière lui : d'un côté le chemin du bonheur et de l'autre celui de la liberté.

Qu'allez-vous choisir :
— Le bonheur ?
— La liberté ?
— De lui poser une autre question ?
— De rebrousser chemin ?
— De rester planté là, en attendant que ça passe ?

Quelle quantité de liberté êtes-vous prêt à perdre, pour avoir un peu plus de bonheur ?

Quelle quantité de bonheur êtes-vous prêt à perdre, pour être un peu plus libre ?

Des spécialistes en marketing vous proposent un petit appareil, genre baladeur, avec capteurs sur votre cerveau, qui peut multiplier par dix la qualité de votre orgasme pendant l'acte sexuel, en contrepartie de messages publicitaires qui se feront entendre dans votre tête pendant vos ébats.

Êtes-vous tenté ?

Si vous possédiez une gomme magique qui puisse effacer n'importe quel événement de votre vie passée, qu'enlèveriez-vous ?

Et puisque ce passé est aussi ce qui a fait de vous ce que vous êtes aujourd'hui, que perdriez-vous d'actuel, en effaçant cette partie de votre histoire ?

Avez-vous déjà observé l'hostilité légendaire entre chiens et chats ? Qui est le méchant dans l'histoire, selon vous ? Si on lit les études faites par les éthologues à ce sujet, on apprend que les codes comportements qui signalent le danger chez le chien sont à l'opposé de ceux du chat. Idem pour les comportements d'agressivité, de soumission etc. Dès lors, quand l'un dresse les oreilles, baisse la queue ou courbe le dos pour signifier une agression ou une soumission, l'autre comprend exactement l'inverse. D'où une incompréhension radicale qui semble vouer ces pauvres animaux à être d'éternels frères ennemis. Heureusement, vous l'avez peut-être remarqué, si un chien et un chat sont élevés et vivent ensemble dès l'enfance, ils arrivent un peu mieux à se comprendre, grâce au jeu, entre autres, qui leur permet de tester sans risques leurs codes comportementaux.

Si vous pensez maintenant à une personne que vous qualifierez comme votre ennemi, que se serait-il passé si vous aviez vécu ensemble dès votre enfance ? Cela vous aurait-il permis de mieux comprendre la différence de vos codes culturels, et la façon dont vous interprétez différemment chacun la même réalité commune ?

Comment pouvez-vous mettre un peu de jeu dans votre hostilité avec l'autre ?

Quels sont, selon vous, les animaux qui n'ont jamais peur durant toute leur vie ?

Quelle serait également, à votre avis, une vie humaine totalement débarrassée de la peur ? (Imaginez par exemple que vous soyez au bord d'une falaise et que l'envie vous prenne de voler de vos propres mains…)

Et en ce qui vous concerne, plus directement, quelle est votre plus grande peur ?

De quoi vous protège-t-elle ?

Que perdriez-vous, éventuellement, si vous ne l'aviez plus ?

Une réponse, fondamentalement, c'est quoi, pour vous :
— Un problème en moins ?
— Un savoir en plus ?
— Une fermeture sur le connu ?
— La source d'une nouvelle question ?
— Un pas de plus vers la perfection ?
— Un pouvoir de plus sur le monde ?
— Votre petit « moi » qui grandit ?
— Un moyen de gagner de l'argent à des jeux télévisés ?
— Une protection contre le doute ?
— Une nouvelle inspiration dans votre respiration mentale ?
— Une question sans point d'interrogation ?
— …

du même auteur

Ysidro FERNANDEZ
- *2042 venue de Jésus ou du dieu d'Internet ?*
- *GYM PSY les vitamines de l'esprit*
- *l'AMOUR en 3D*
- *Contes et Proverbes psy*
- *la Bonne Question…*

Ysidro FERNANDEZ & Jean-Pierre ERNST
- *Don PSYCHOTTE*
- *Amour A mort*

Philosophe, psychologue, écrivain, auteur d'ouvrages grand public, au carrefour de la philosophie, de la psychologie, du coaching et de la sagesse.

YsidroFernandez@free.fr

www.ingramcontent.com/pod-product-compliance
Lightning Source LLC
Chambersburg PA
CBHW060738050426
42449CB00008B/1263